普通话教学改革与创新实践研究

刘 辉◎著

吉林人民出版社

图书在版编目（CIP）数据

普通话教学改革与创新实践研究 / 刘辉著 . -- 长春：吉林人民出版社, 2023.10
ISBN 978-7-206-20261-2

Ⅰ . ①普… Ⅱ . ①刘… Ⅲ . ①普通话—教学改革—研究 Ⅳ . ① H102

中国国家版本馆 CIP 数据核字（2023）第 199093 号

普通话教学改革与创新实践研究
PUTONGHUA JIAOXUE GAIGE YU CHUANGXIN SHIJIAN YANJIU

著　　者：刘　辉
责任编辑：葛　琳　　　　　　　　封面设计：守正文化
出版发行：吉林人民出版社（长春市人民大街 7548 号　邮政编码：130022）
咨询电话：0431-85378099
印　　刷：天津和萱印刷有限公司
开　　本：710mm×1000mm　　　　1/16
印　　张：7　　　　　　　　　　　字　　数：130 千字
标准书号：ISBN 978-7-206-20261-2
版　　次：2024 年 1 月第 1 版　　　印　　次：2024 年 1 月第 1 次印刷
定　　价：48.00 元

如发现印装质量问题，影响阅读，请与出版社联系调换。

作者简介

刘　辉　毕业于聊城大学。现工作单位聊城大学东昌学院，讲师。省级、国家级普通话测试员，研究方向为普通话教学。

主持完成课题：

1.2023年山东省教育厅语言文字科研项目《山东省方言在旅游文化形象构建中的应用研究》，编号：YSSJKCGZH2021C03

2.2022年聊城市哲学社会科学规划课题《文旅融合视角下聊城市红色旅游发展研究》，编号：DNYB2022150

3.2021年聊城市哲学社会科学研究课题《聊城方言在旅游文化形象构建中的应用研究》，编号：NDYB2021131

前　言

大力推广和普及普通话是我国国家语言文字工作的重要任务，普通高等学校是推广普通话的重要阵地，很多高校开设了普通话课程，积极探索普通话教学模式。

高校开设的普通话课程较其他专业课具有特殊性，它是一门理论和实践紧密结合的语言类课程，既要讲授基本的语音知识，还要帮助学生正音、训练，使其掌握说话技巧。同时，课程教授的主体是大学生，他们已经形成了语音习惯，要在短期内帮助他们改掉不正确的发音习惯，培养良好的语感，需要教师付出很大的努力，所以，这门课程对教师和学生的挑战性很高。而在实际的普通话教学中，也出现了很多问题，如教材实用性不强、教师授课方法简单、教学手段单一、学生学习效果不明显等。普通话课程作为高校的公共必修课，只有解决现有问题，进行教学改革，才能担负起改善学生语言面貌、提高学生口语表达能力的重任。

学习普通话是提升大学生普通话口语水平的必然要求。目前，大学生的整体普通话口语水平还有待提升，很多学生在进行普通话口语交际的过程中，会带很多的方言成分，普通话的口语表达缺乏规范，有时候在口语表达中还存在一些语病和方言词，导致语义理解的偏差。高校开展大学生普通话口语教学，能够有效规范大学生的汉语口语表达，纠正大学生不正确的口语发音，提升大学生普通话口语交际水平。

学习普通话能够提升大学生汉语掌握和运用能力。在大学开展普通话口语教学，实际上就是通过语言的一种规范化、标准化的教学，促进学生更好地把握和理解语言，以便在今后的口语交际中更准确、更有效地应用语言，规避社会交往过程中的无效沟通，促进学生对于语言运用规律的把握，提升学生的综合表达能力。

本书共四章，第一章为普通话的推广与教学，分别介绍了普通话的标准及普通话教学的发展；第二章为普通话教学与水平测试评价标准，主要内容有普通话教学的评价标准和普通话水平测试评判与分析；第三章为普通话教学实践探索，主要内容有普通话教学现状、普通话教学目标和普通话教学改革实践指导；第四章为普通话教学改革创新发展路径，详细介绍了普通话教学中利用现代信息科技、多模态教学模式、互动合作教学及教学目标层级化的普通话教学改革路径。

在撰写本书的过程中，作者得到了相关专家学者的帮助和指导，参考了大量的学术文献，在此表示真诚的感谢。本书内容系统全面，论述条理清晰、深入浅出，但由于作者水平有限，书中难免会有疏漏之处，希望广大同行及时指正。

刘辉

2023 年 4 月

目 录

第一章 普通话的推广与教学 ... 1
第一节 普通话的标准 ... 1
第二节 普通话教学的发展 ... 2

第二章 普通话教学与水平测试评价标准 ... 5
第一节 普通话教学的评价标准 ... 5
第二节 普通话水平测试评判与分析 ... 40

第三章 普通话教学改革实践探索 ... 70
第一节 普通话教学现状 ... 70
第二节 普通话教学的教学目标 ... 72
第三节 普通话教学改革实践指导 ... 78

第四章 普通话教学改革创新发展路径 ... 85
第一节 充分运用现代信息科技 ... 85
第二节 采用多模态教学形式 ... 88
第三节 互动合作教学 ... 92
第四节 教学目标层级化 ... 94

参考文献 ... 101

第一章 普通话的推广与教学

大力推广和普及普通话是我国国家语言文字工作的重要任务，普通高等学校是推广普通话的重要阵地，很多高校开设普通话课程，积极探索普通话教学的模式，高校开设的普通话课程较其他专业课具有特殊性，它是一门理论和实践紧密结合的语言类课程，既要讲授基本的语音知识，还要帮助学生正音、训练，使其掌握说话技巧。

第一节 普通话的标准

一般认为，作为普通话基础语音的北京语音，是指长期存在并在幽燕地区不断发展的北京音，也称作"北京官话"，最早可以追溯到洛阳雅音。北京官话在演化过程中，曾受到来自各种历史事件带来的人员迁徙流动的影响。

这里所说的北京语音主要是音系层面的概念，因为不是所有的北京音都标准，很多北京土音并不在标准范围内。概括说来，普通话的语音是具有很高的规范性和文化性的，不包含土语土腔。在学术上，通过对语音进行规范来排除北京土音；在实际推广过程中，也是以北京具有一定教育程度的人在比较正式的场合说的话为标准音。这种排除北京土音的思想是一以贯之的。

现代的北京话是发展变化最迅速的汉语方言，保留的古音成分少，语音结构相对简单。更重要的是，它的确是一些人的母语，因而十分有利于实际推广。将北京语音确立为国家通用语标准音是符合语言发展规律的正确选择。

基础音系确定以后，党和政府立即开展一系列规范普通话语音的研究工作。比如开展异读词审音工作，研制公布《汉语拼音方案》，编写出版《现代汉语词典》，开展普通话培训、方言调查工作等。

普通话以北京语音为标准音，这是我国语言学界和社会各界达成的共识。但对于北京语音和标准音的关系、北京语音的溯源考察、标准音的解释、界定和范围等问题，语言学界一直都有讨论和研究。普遍认为，普通话不等于北京话，北京话是普通话发音形式的主力，但土音是在北京音系以外的。普通话是在北方话基础上发展形成的文学语言，以口语为素材，经过书面的锤炼、淘汰，更为细密、丰富、精练，形成一套语法与词汇。

普通话是在现代白话文的影响下，在北京话的基础上形成的、通行于广播、电影、话剧等群众宣传渠道的民族标准语。各地方言包括北京话，都不是直接向普通话的口语形式贴近，而是向书面语贴近，然后再进入口语。这指出了普通话的语音规范实际上是一种北京音和"官话音"的混合体。

第二节　普通话教学的发展

一、教学重心的发展

"讲普通话，写标准字"近年来得到了广泛推广。不断优化课程，强调创新的方法，为学生提供一个良好的情境氛围。依靠完美的反馈评估机制，不断地发现和解决问题，从而提升教学的有效性。普通话在我国的普及程度越来越高，随之而来的也有一些问题，普通话教学的最终目的应该是在实际生活中使用普通话，达到人际交往的目的。现阶段普通话教学，尤其是高层次的普通话教学，也就是以一级水平为努力目标的教学，除了几类顽固的难点发音之外，最大的瓶颈问题就是要解决字音的准确到流畅的朗读会话的问题。教会发标准字音难，训练出流畅自然的语流则更难。

字音的准确是基础。学习普通话，最终是为了在语言交际中取得更好的效果。因此学习的最高目标应该是运用标准的普通话进行自然流畅的语言表达。因此，普通话测试和普通话教学，应在保证字音教学效果的情况下，侧重语句表达，避免"字化"的现象大量出现。

二、教学理念的发展

在传统的教学理念中，教师起主体作用；学生往往局限于从课堂、书本掌握知识，是知识的被动接受者。但在现实的教学过程中，无论处在哪一阶段的学生，其学习兴趣、知识能力、逻辑思维方式和目标等方面均存在不同差异，且这些不同不是一成不变的，它还随着年龄与地点的变化而变化，这促进了"以学生为中心"的新型教学理念的发展。

普通话教学的最终目的是使学习者可以使用普通话在实际生活中进行交流沟通，真正打破地域等限制因素的禁锢，成为社会需要的复合型人才，以学生为中心的教学理念让每个学习者都能享有公平而有质量的教育，促进学习者学习兴趣的提升，更好地达到普通话教学实际沟通的教学目的。

三、教学方式的发展

信息技术的不断发展为我国教育教学改革带来了无限可能。学习环境作为影响学习的基本因素，在数字学习环境的影响下，近年来传统教学环境向移动学习环境等数字环境过渡。大数据技术、物联网技术等不断完善，为创新数字学习环境提供新的机遇，智慧课堂应运而生，与之相伴产生的还有智慧校园以及智慧课堂等。智慧课堂主要是针对近期以来教育信息化的焦点不断进行探索，从而使教育信息化焦点问题在信息化课堂中得以落实，贯彻落实智慧课堂的理念。智慧教育的最终目的就是要构建起智慧课堂，简言之可以理解为借助先进的信息技术，促进传统课堂向信息化、智能化转变，以丰富的教学形式打破传统教学中的时空制约。

一直以来，我国致力于普通话的推广工作，将信息技术与普通话教学改革事业有机融合，对普通话普及工作具有积极的推进作用。教师在这场教育改革中，承担着传道、授业、解惑的重要职责。普通话是我国的官方语言，影响着文化传播，同时也是促进学生学习知识、掌握能力、提高素养的语言载体，将信息化教学与普通话教学改革结合起来，对推广普通话意义非凡。

采用合作学习的教育方式是一种正在新兴的教学方式，合作学习理念古已有之，合作学习以小组为教学基本组织形式，实现小组目标的前提是实现个人目标，所以小组内要通过协作互助完成任务，每一个个体的潜力都得到发展[1]。语言的生

---

[1] 谭佳漪.普通话教学中互动合作教学模式的实践与探索[J].文科爱好者（教育教学），2020（06）：20—21.

成原理是受环境的刺激,而合作学习就能提供一种类方言环境,所以合作学习适合学习普通话。采用合作学习方式,教师注意采取积极的策略,比如在分组时务必要"同组异质,异组同质"、分工要细化、任务安排要难度适中、合作方式设计要有创意。

合作学习为普通话教学提供了一种全新的交流学习环境,为普通话的真正生成提供了绝好的机会和平台。为此,在普通话教学中,教师应该积极使用合作学习模式,从分组、分工、方式、任务等方面着手积极运用设计学习策略,积极推进普通话教学的协同创新。

第二章 普通话教学与水平测试评价标准

本章主要内容为普通话教学与水平测试评价标准，详细论述普通话教学的评价标准及普通话水平测试评判与分析，具体阐述普通话教学在语流、训练单位、语言表达及学生培养能力等方面的评价标准及普通话水平测试中的问题与难点。

第一节 普通话教学的评价标准

一、在语流中动态评价普通话的语音标准

在普通话语音教学过程中，往往从音节的准确发音训练起，从声韵调的标准来考查。实际上，人们在进行有声语言表达过程中，因受到语义、语境及前后音节的影响，语流中的音节发音已经不完全像单音节的标准发音了。

（一）整体动态地评价语言交际作用

汉语、英语、法语、德语或是普通话、湘方言、赣方言、粤语、客家话等语言不是存在于书本上所列举出来的语音系统语法规则和词汇表上，这些书上的这些内容是从实际生活语言中听辨归纳出来的。可以说，任何一种语言，它是存在于实际交际中的。

语言是交际工具。学语言为的是在交际中取得更好的交际效果。普通话，是中华人民共和国国家通用语言。学习普通话是为了学好通用语言，能更大范围、更高质量地与人交流。评价普通话的规范程度和运用能力，也应该放到一定的交际环境中来评价。一旦涉及实际交际环境，就会有具体的领域、具体的语境、具体的交流对象、具体的语体、具体的表达内容和方式等。在评价语言规范的时候要依这些而区别对待。应用语言学的规范理论所提出的规范就是指交际到位。

方言区的人学习普通话，首要是学习好普通话的语音、语法和词汇。其中，

语音是最需要花费气力学习的。标准，是人们学习普通话语音的基本层次的追求。如何衡量标准，一直以来很多普通话教学人员普遍重视的是局部单位的音节训练，训练中标准模式单一，到了语句以上的单位中还将评价目光锁定在僵化的音节标准上。

首先，从理论上来说。先有的是人们运用着的活生生的语言，后有的是人们对于这种语言的认识和研究。二者可以相互促进。交际中的语言是研究的源泉，研究的推进又对人们运用语言提供更好的指导。教学和研究应该遵循语言本身的规律性，不能脱离生活语言。普通话教学中，单音节及多音节的字词训练是对基本音素和音节的标准的训练。这是教学中不可缺少的一个部分，也是非常重要的环节。这个环节一旦将标准静态化、单一化，那么离训练目标可能就有些距离。这项训练的目的是让人们更好地运用好普通话来进行交际。而在交际过程中，语言的示意表情功能是最突显的功能。可是，上面提到的评价角度和由此而来的训练方式的长期采用，会直接导致这样的问题，就是虽然字词的音节发音可以做到标准，但在运用普通话进行交际的时候，却显得比较生涩。"字化"包括"词化""词组化"是最典型的表现。普通话水平测试，也是主要围绕语音来评价的。测试考查了单音节的发音之后，还有双音节、多音节的发音考查，之后还在语篇朗读和即兴说话中考查普通话水平。后两项的测试，比前两项增加了一个考核项，就是流畅程度。它体现的是人们运用普通话进行表情达意的时候，要有一定的熟练度、自然度。如果只将训练和评价重点放在音节的标准上，是很难达到"自然"的。这是这种评价和训练方式带来的实际问题。

因此，在评价普通话语音标准的时候，也必须有"运用"这根弦，要和示意表情联系起来，做到表达的流畅自然。如果更进一步要求，还应该有不同语体、不同语气的变化。静止地、局部地陷入音节的标准中是不够的。音节需要标准，但一旦进入语句的表达中后，就应该在示意表情的前提下看待其标准。这时候的标准会与音节标准有所不同。

（二）语流中语音表现的影响因素

引起语音变化的因素有很多。主要有人、有声语言表达形式和音节间的相互影响。

普通话测试水平在一级甲等的人，他们发音一定有所区别，但都是标准的。

具体到一个元音 a 的舌位高低前后,一个辅音 zh 的成阻部位的细微差别,只要在每个音素的音位范围之内,都是准确的。这说明一个道理:标准,不是一个点,而是一个范围。

语体和语境等决定了一定的有声语言表达形式。不同语体,例如在诗歌朗诵和交谈中,语音的表现形式会有很明显的区别。再有在不同语境中会有不同的语言目的,这些会直接导致语气重音的不同。语气重音,又会影响到具体的发音。同一个音节,处于重音位置和处于非重音位置,它们的发音会有较为明显的不同。还有语气的不同色彩,同样的一句话,在沉痛的语气色彩中和喜悦的语气色彩中,发音也会不完全一样。即便同样是喜悦的语气色彩,分寸不同是暗喜还是狂喜,语音表现还会呈现出不同的变化。同样的音节到了语句中,因为表达形式的不同而呈现出不同的语音形式来。标准,到了语句中,是不能完全按照音节的标准来衡量的。那是在示意表情前提下的音节发音和语句发音的整体动态标准。

受相邻音节的影响,语音也会有不同的表现。语音学中的"语流音变"就是谈的这个问题。最典型的变化是声调的变化,其次是韵母的变化,变化不太明显的是声母辅音。

(三)语音在语流中的变化空间

1. 声调调域的变化

(1) 相邻音节音素的影响

因受相邻音节音素的影响而来的声调的调域不同于单音节的情况,最典型的是上声。上声单念应该是214。到词语和句子中,如果是词尾句尾,结束感很强,那么是214。如果处于双音节的前一个音节,后面一个音节是非上声,那么它的声调发成211,后面一个音节也是上声的时候,它就发成了24。如果是三个音节相连,还要具体看它们的语素组合方式。"好总理"不能发成"豪总理"。它可以切分成"好"和"总理",是"1+2"式。因此"好"读成211,"总"读成24。如果是"导演组",它的切分方式就不同了,是"2+1"式,那么"导"发24,"演"也发24。三个音节以上的同上相连,也可用同样的方式分析。这是声调变化最明显的例子。

还有其他的"变调"情况:两个阴平相连的时候,不全发成55而是44和55;两个阳平相连的时候,不全都是35而是34和35;两个去声相连的时候发的是 53 和 51。

（2）有声表达的影响

有声表达的高低长短都是相对而言，变化体现出"字调要服从语调，服从表达需要"。当然，还是要注意四声的比例关系，也就是"语调也要服从字调"，普通话的四声，调值虽然一定，但在具体语句表达中，会有不同调域的变化。这个变化，可能因为不同的表达形式而千变万化。因此，如果将四声练成了某种唯一的音高音长形式而不能改变，那么在语句中势必造成音节间的滞涩而使得语句缺乏流畅度。

2. 韵母发音的变化

（1）相邻音节音素的影响

音节的发音由于受到相邻音节的影响，韵母的发音可能会随着前面音节的末尾音素而出现"同化"现象，也可能因为连读起来不顺口而增加一个音素，出现"增化"现象，还有可能因为连读而使原有的音素失落的"简化"现象。

例如："啊"的发音，在单音节的时候，只有 a 这一读音。但到了语流中，有时它会跟随前面音节的韵尾出现不同的读音。一种是"连音同化"而出现"增音"现象：u 音后发 wa，n 后发 na，ng 后发 nga，-i（前）后面发 za 音，-i（后）发 ra 音，i 后面发 ya。另一种是"连音异化"而出现"增音"现象，比如在前面音节末尾是 a、o、e、ê 等，发 ya 音。韵母的变化还有一种"失落音素"的现象，这种现象在儿化的读音中比较明显。比如，在前面的音节韵尾为前鼻韵尾 n 的时候发儿化音的时候，韵尾 n 失落后再卷舌。韵尾是后鼻韵尾 ng 的时候儿化发音也得失落韵尾 ng，再鼻化主要元音，加卷舌动作。这些都是普通话语音知识中已经归纳出的规律。在实际发音中还有类似的现象，如遇到语句中有"银行"这个词时，由于"银"的韵尾 n 和"行"的声母 h 发音部位相差较大，一个是舌尖动作，一个是舌根动作。因此，连读的时候很可能将"银"的韵尾弱化了，但只要趋势是鲜明的，也就是准确的。

（2）有声表达的影响

韵母部分是表达空间最大的部分，因此，受有声表达的影响而出现的变化也比较多。当人们再说"太好了"这句话的时候，由于语气不同，"太"的韵母的口腔开度和动程舌位就会有所不同。用热情肯定的语气来说，ai 的发音应该是口腔开度大，音长更长，动程更明显；如果用敷衍的语气则开度相对小一些，时间短一些，动程没有前者那么明显；如果将热情肯定和盛情赞颂做比较，后者"太"中的 ai 开度更大，动程更明显，音长更长。

3. 声母发音的变化

声母的发音在普通话学习中相对来说是比较好掌握的，不太像声调和韵母还有一些细微的变化，听起来会有似是而非的情况。

声母在语句中，主要的变化空间在于成阻和除阻的力度，也就是播音学中讲的"吐字力度"。这是在有声表达过程中富于创作变化的部分。

4. 语体影响下的整体变化

发音者会因不同的语体而呈现不同的发音情况，包括音高、音强、语速、音色等等。但音节到了具体语体中，可以说总在变化之中。

男声在不同语体表达中，其音高变化幅度是不同的。女声在不同语体表达中最高基频由高到低的分布依次为朗诵社论、主持和消息。

（四）局部准确和整体流畅的关系

语音动态变化的事实和理论依据令人反思：如何在普通话教学中解决既做到单音节的准确，又达到整体语句语篇的流畅这对矛盾。

音素、声韵调的局部单位训练是必需的，但要注意观念和方法。单音节是训练的基础单位，但语句中的表现不是从单音节移植过来的。正如韵母 a 在不同音节、不同语句和语气中在音位系统允许的范围内，可以呈现出不同的语音形式。实际情况就存在很多可能的 a。

先有实际语言，再有规律研究；先有具体发音，再有发音规范。尽管二者会相互影响。但是不能把静态的发音直接运用到语流中把局部的准确当成整体的准确。因此，在训练音素、音节的发音标准时，要树立交际观、目的观、整体观、动态观、实践观。

语言是用于交际的，语音的教学也应该不脱离交际环境，语音的评价也必须结合具体的交际环境看它的交际效果。语言既然用于交际，目的是要服务于交际，提升交际效果，那么就要看交际状态的语音是否标准，是否流畅，示意表情是否准确。语言存在于运用中，本身就是处于整体动态中的。将教学进行分解，局部训练是迟早要回归到整体动态之中的，并且，绝对的静态本身就不存在。单音节的发音，本身就蕴含着无限可能，而不是人们常用的"示范调"和"练习调"。因此，要重视实践，在实际交际的状态中磨炼语言的准确和熟练程度。分解动作要做，但要做得合理科学。教学中，要注意局部标准和整体流畅的配合，评价角度要从整体动态出发。局部训练的时候，不能陷入静态，不能将标准狭隘化。甚至在音节的训练中，就应该针对不同语体而注意具体语音形式的表现，还可以设想不同语境、不同语气，来运用不同的语音形式。这样可以防止局部练习的单一化、僵化，为语言的流畅打好基础。要学成点石成金的手指以备实际运用，那就是音位范围中的发音变化；不要学来一座现成的"金山"，就是某个自以为标准的僵化的发音，再标准也是没有活力的。

二、训练单位的兼顾

（一）训练单位

训练单位是针对普通话语音训练中所采用的训练材料的长度而言的，像发音练习中的音素、单音节、双音节、多音节语句、语段、语篇等练习材料，相对而言，音素和音节标准的训练，可以叫作局部的小单位训练，句子以上的单位则可以称作整体的大单位训练。

（二）兼顾的缘起及基本原则

1. 语言教学的目的是更好地运用语言

语言训练最终为了语言运用。语言终究是要呈现在交际状态中的。语言原本也就是在交际中的。在语音教学当中，进行音节分析，把一个音节分成声母、韵母、声调，甚至又把韵母分成韵头、韵腹和韵尾等。这是为了从细节上、结构上更好地把握发音。但是这种单位的练习是局部的、暂时的。语言的学习，不能学成了以单音节为零件的组装体。发音练习应该以音节训练为基础，要到语言的交际单位里去磨合，回复到活的语言当中去。

2. 局部小单位的训练下不陷入静态标准

小单位的练习是必需的，也是非常重要的。这里有两个原则性的方法需要注意：

（1）标准要严明，不要肯定近似发音。普通话的每一个声、韵、调，都是有它的发音标准的。如果想提高教学效率，那么这个标准一定要严明。尤其是面对普通话基础较好，但还不能达到一级或一级甲等的人，更要严格要求。虽然在不标准到标准之间，会出现比较标准的发音。但是，当发音人从不正确到相对标准了，教师却不要在这个时候肯定他。因为这样的引导，不利于形成标准发音，而容易停留在其现有水平。比如，声母方面，有些人在发舌尖后阻的 zh、ch、sh 的时候，成阻部位不明确，舌尖抬起不够，造成擦音或塞擦音发音时所留的缝隙过宽，趋向于 j、q、x 的音。这时候，在告诉他正确动作之后，就最好要求他一步到位。舌面音 j、q、x 的前化问题，最典型的是发成了舌尖音的位置。当发音人的成阻部位由舌尖位置向后调整还没有到达舌面位置，依然有些偏前的时候，教师只能督促他将发音部位继续向后调整，不要就此肯定他已经到位。

韵母方面，比较典型的是前后鼻尾韵的对比，in 和 ing 的辨读问题最为明显。尤其是前鼻音 in 的发音。一些南方学生在发这个音的时候，习惯于将舌根抬起去接触软腭，在教师教授了舌尖动作之后，仍然不放弃舌根动作。这样，发的就是一个介乎于前鼻韵和后鼻韵之间的某个音。发后鼻韵的时候，有些同学从不会到会发一个近似音，就是韵尾归音的时候发出舌根和软腭接近的音很像后鼻音，但是舌根应该和软硬腭交界的地方并起来，如果没有并起来而留有缝隙，就不应该认可它是标准的。有些人在发韵母 ao 的时候由于口腔开度不够而发出听感像 ou 的音。这样的同学在纠正发音的时候，当他口腔开度稍有改善但仍没有到达 ao 的舌位和开度的时候，也一定要严格要求。

声调，虽然四声的高低升降有独立的调值标准，但是在教学中一定要注意的是它们之间的相对音高比例。阴平比较低的同学，可以有两种方法来做调整。一种是把阴平以外的其他三个声调也相对降低，另一种方法就是那三个声调不变，提高阴平的高度。在声音控制上，后者比较容易操作。

语流音变中儿化的发音是一些南方同学的难点。他们的舌头不习惯于卷成应有的程度。这时，也一定要求他们发音到位，不鼓励近似音。因为，近似音就是近似动作，近似动作就只能发成近似普通话。

标准的设立要明确，要求要严格。这样更便于学生学习，更有利于提高学习效率，也更加有希望达到一级乙等乃至一级甲等。

（2）操作要灵活，可以加上语义、语体和语境的设想。练习音素的时候，要注意他们最基本的准确发音；练习单音节字的时候，要坚持音素的准确发音和音节本身的声韵调；练习双音节及多音节词语的时候就要注意词语的轻重格式和变调，同时还要注意词义的表达。当然，有一些单音节字本身也是词，这个时候，也得注意它的词义。另外，还可以增加设想某种语境作为发音的前提。比如，在发"笑"和"苦"的音节的时候，不仅注意声韵调的准确。还要注意"笑"本身蕴含的情绪较好的色彩，而"苦"则注意体现"苦"的感受。语言原本就是示意表情，就是形之于内而表之于外的笑，还有大笑、微笑、奸笑、苦笑等，具体为哪一种"笑"，可以去设想。语体也是导致发音区别的主要因素之一，可以尝试着去设想几个来做对比。可以设想在讲故事中说到"笑"和科普说明文中解释"笑"，其语气色彩也不尽相同。语境方面，开心时候的"笑"和拨开愁云见到阳光的"笑"，具体的音色又不太一样。

这样练习的目的在于，在局部小单位练习的时候，就使字音有了很多可能，可以防止把发音和某一个唯一音色对应。这样练习之后，到了语流中，就会因具体的语义和语境而发音，而不至于陷入机械状态。这种方式追求的不仅是准确，还有富于变化的语句篇章的流畅。因为语音总是和具体的语义、具体的目的联系在一起的，原本就不存在无意义的语音。因此在练习的时候，就不能忘记这个存在于语言现实中的规律，不要忘记了练习的目的。

3. 大单位训练一定要动态关注整体流畅

在进入句子以上的大单位进行训练的时候，一定要调整评价角度。除了听辨出声韵调的系统性的错误，比如 j、q、x 及前后鼻韵或阴平有问题之外，一定要动态地从语流的整体流畅自然度上去听评。普通话测试中存在这么一种现象较为典型。就是在前两项字词朗读中，考生表现出的普通话语音情况都比较标准，但一进入朗读和说话，尤其是说的时候就明显表现出"味儿不正"或是"字化""词化"现象来。"味儿不正"，问题很有可能出现在两个关口。一是韵母，一是调。一般来说，韵母的发音如果普遍开口度不够或舌位普遍偏前，那么会给人一种"方言味儿"的感觉。调的方面，主要在字调和语调上。字调不准、语调不自然都会让人感到"味儿不正"。

在动态中关注语句的流畅自然，解决"味儿不正"和"字化""词化"现象，有以下几个原则及方法：

（1）字调服从语调

每个字都有自己的声调，但是一旦进入语句中，就应该以语调为主导，不能生搬每个字的原调。单音节练习时，需要非常注意调值的55。尤其是想校正阴平偏低的人，更加注重他们的发音要高而平。但是，照顾到句子的平衡自然，考虑到句子表达的意境，没有单音节发音时候那么高那么长，音色也没有那么实。这时候，遵从的是字调服从语调的规律。不能为凸显字调而害了语调。

学习字调，也是为了语言交际的。不能因为了解单音节的字调，而忘却了交际表达需要的自然的语调。

（2）轻重格式的分寸遵从语句重音

每个词语，都有自己的轻重格式。但是，这个轻重也是相对而言的。到底轻有多轻，重到多重，具体发音的时候是有分寸变化的。句子重音，关注的单位比词语更大一些，在语句表达中，应该关注更大的单位，不能紧盯着字词，不能将动态变成静态。

（3）韵母发音遵从表达语气的需求

韵母的发音可变空间比较大，比如舌位的前后、高低，唇形的圆展，都有一定的空间范围可以变化。典型的有处于语句重音位置的音节和非重音位置的音节，其韵母的元音开口度不同；如果韵母是复合音，那么舌位前后高低的动程变化也比较明显。韵母发音的这些变化，还受到语气的类型及分寸的不同而变化。

（4）训练中设想不同语境

语音总是在语境中具体表现出来的。音素、音节的示范发音只是其中的一种语境。小单位中解剖的是共性，像模子，是不完整的。到了句子段落篇章里，就得结合语境和语言目的"量身定做"才能更准确到位。因此，语句以上的单位在训练过程中，设想一些前提和背景是很有必要的。包括语体、对象和具体语境。

在具体语境下，语句的发音本身就存在多种可能。而语言又一定是存在于具体语境中的。在小单位中的示范发音，只是一个音标式的发音标记。到了句子中，还会有具体的表现，可以比照示范发音发现会有一些细腻的变化。

4. 不同单位训练的交替

既要练小单位的基本音准，又要在实际表达交际单位中运用得准确自如。要求在普通话教学中，既要重视音节等小单位的标准，又要重视语句等大单位的准确流畅。这两个方面在训练的时候要兼顾。

兼顾的原则，具体到教学当中，有多种操作方式。有从小到大的循序渐进，有由大到小的逐步细化，还有由小到大再到小，或者由大到小再到大的交替反复。

如果希望在短时间见效，能够较快用于日常语言交际乃至艺术语言表达的话，在开始就应确定表达途径和方法以及用声吐字状态。这样，既确定了正确观念，明确了学习目的，也更加有利于全貌的整体改善。但是，如果想较长时间磨炼扎实的准确普通话，那么还必须重视小单位的训练，打磨标准发音。先进行基本音节训练，其结果在音节发音上明显提高，但到了语句中、日常交际中可能变化不大，不能立竿见影。但这是正常的阶段性表现，可以依照具体学习效果进行更高要求的教学安排。最好的方式，是二者相结合，步调合理，相得益彰。

另外，培训对象的基础不同，适用的教学方式也会有所不同。比如，那些有过专业的语言实践经验，语言表达本身就很流畅，这样的人更需要细节雕琢到位。但要注意，不要陷入细节而放弃了原有的优势。一类是字音基础较好，但实践少，不熟练，这样的人则更加需要语句的大单位训练。

三、语言表达自然流畅性

（一）朗读中的自然流畅

1. 普通话水平测试中影响朗读流畅的因素

朗读中的回读现象是引起流畅度失分的重要因素。回读，即在依据文字进行朗读的过程中，因不满意自己的朗读结果而对一部分文字进行重新朗读。回读的原因一般有这样几种：读错字音；表意不清、停连失误；对自己的发音清晰度不满意。

语言本身就是示意表情，用来交际的。如果觉得示意表情效果不好、交际不到位而进行及时修正，这是人们运用语言的一个共同习惯。在朗读中，尤其是在测试的朗读项中，回读可以理解，却不提倡。尤其是回读次数较多，会直接影响整体流畅度。这样，无论发音表意多准确，整体表达效果也不会好。

读音错误会引起回读。看着 A 字念 B 音这是普通话水平测试中经常出现的现象。在朗读文章、单音节、双音节中都常常发生。从测试实际来看，念错而引起回读的音绝大多数倒不是那种不认识的生僻的字，反而是将比较熟悉的字或词看错读错。单音节和双音节字词，没有上下文参照，纯粹靠对字形的熟悉来识读，因此有时读错是可以理解的。双音节中，容易出错的也是将此字看成了字形相近的另一个字。但是，朗读文章的时候，是有上下文参照的。念错字音，主要原因是忽视了上下文，忽视了具体的字形而念成了其他。这样的失误，一般都是因为朗读者急于念完所看到的文字，速度较快，语速平淡而急促。可以说大多数是因为发音动作比眼睛的浏览速度要快，就是嘴比眼睛走得快，因此造成了失误。停连失误，表意不清也会引起回读。

关键字词吐字不清会引起回读。在朗读的过程中，唇舌嘴皮好像不太听使唤，吃字等吐字不清时有发生。尤其在测试中唯恐读错失分，而吐字不清是明知正确读音却没发清楚，觉得这样失分太可惜，因此很多人处理成回读。

除了回读还有一种影响流畅度的情况就是字化、词化、语调不顺畅。

2. 有稿表达的原理借鉴

（1）朗读不是文字的简单有声化，示意表情是语言表达的重要功能。语言是一种工具，人们运用这个工具的目的是表达他们内心的情感和思想，文字语言的作者如此，朗读者也是如此。

阅读的过程，不是一个简单识字的过程。阅读者看的不是"字"而是字与字相连之后形成的"意"，意与意相缀形成"场"。因此朗读者千万不能将文章读成"字"，而要在领会字间的"意"，进入"意"中的"场"之后，再用有声语言把这个"意"和"场"传达出来。通俗地说，就是朗读者要体会文字作者的思想情感，再用有声语言这个工具表达出来。这是一个由"字"到"心"再到"声"的过程，中间"心"的环节绝不可省略，否则不会有流畅可言。

（2）拨通文字语言与有声语言的共振频率。文字语言和有声语言虽然外显形式不同，一是形，二是声，但都是语言工具，组缀起来都能表现一定的意义和情感。并且，他们的使用者都是人，人本身就具有共同认知能力和示意表情能力。无论是文字作者还是朗读者，无论是运用文字语言还是有声语言，他们所反映的对象都是这个世界，包括人、物、事、情。这就一定有可以共振的点。人们原来对世界有所认识，通过文字作品，对这些认识有了强化、修正、补充或其他思考，这就是在共振。拨通文字语言和有声语言的共振频率，也就有了有声语言表达的动力和内在依据。对于别人的文字，必须有自己的理解和感受。

（3）开发有声语言丰富的创作表现空间。有声语言和文字语言、肢体语言、音乐语言、画面语言、线条色彩同样具有较为广阔自由的创作空间。因为，人的心是自由无边的，人的声音又是可变的。有声语言可以表现出视觉、听觉、味觉、嗅觉、感觉、知觉等，可以让人看到光线色彩、方位距离、轻重缓急、运动变化等。有声语言可以勾勒画面，描摹细节，涂抹色彩，展现进程；人们可以通过有声语言表达看到情景，听到声音，领会到意思，体味到情感；人们可以通过有声语言的表达感受到表达者的思想与心灵，这是有声语言的功能，是有声语言运用者人的能力。

（4）让有声语言震颤在文字作者、朗读者和听众三维空间中。语言只有在交际中才发挥作用。交际包括与别人、与自己、与假想中的对象进行交际。有声语言也只有在"传"与"达"的过程中才能实现其功能。有文字依据的有声语言表达，在文字作者、朗读者和听众的共同创作中完成。朗读者是创作主体，文字作者是创作依据，听众则是接受主体，接受的过程也有创作。如果这三者不能共振，也就是朗读者对于文字内容不能理解感受到位，或者表达出来不能达于听众，引起听众的共鸣，那么，这个传播无疑是低效或无效传播。如果在三者之间总有一些相联系的纽带，那么这样的语言表达才谈得上是交际状态的，是运动的，才可能流畅自然。

（5）及时调整有声语言的表达形式。人对世界的认识是变化着的，人对文本的理解感受是运动的，有声语言基于这些，一定也是充满丰富变化的。有声语言的物质基础是人的声音，这里谈的是普通话语音。由于喉部、口腔、气息、共鸣等控制都可以调节，因此，人的有声语言的表现形式是可以变化的。但是，必须要有良好的声音控制基本功，以及思想感情与声音共变的能力。这是使有声语言行云流水般自然流畅的前提条件。

（二）即兴表达中的自然流畅

1. 说话自然流畅的障碍

普通话测试中的说话项和其他正式场合的即兴说话，都会出现不够自然流畅的现象。影响即兴发言流畅自然的最主要的原因有以下两类：

一类是思路不够畅通，缺失了说的内容；另一类是说的内容和形式不和谐，有声无义缺少感情，有背诵的痕迹。

任何即兴发言，其实也都是有准备的。这个准备有的是在发言之前的短暂思考，有的是在平时生活中已经有所思考，有的是在交流中听别人说话的时候有所启发或反应。自己的思想是语言流畅的内容准备。

即兴发言需要有合适的内容和适合的形式。一般语言还是要遵守"诚于中而形于外"的宗旨，才可以使语言富有魅力，获得高层次的交际效果。内容可以事先准备好，但在表达的过程中还要照顾到对象和现场语境，不能生硬地背诵成稿。那样，原本即兴还能增色的内容就隐退了，形式就显得僵化呆板。准备内容，不等于把每一句话每个字都准备好，因为那样很容易走到背诵的轨道，而失去了即兴的热情和灵动。表达形式，有一部分是事先有所考虑，还有一部分是在表达过程中及时调整的。普通话测试中，一些应试者在最后一项说话中，可以说得连续但呆板，口语化程度不高，那就很可能是事先背好的一段文字。这样的表现哪怕普通话发音不错，也会因流畅自然度不好而扣分。

2. 说话自然流畅的原则与方法

（1）思维情感的运动

即兴发言，思维和情感也要处于积极运动的状态。思维运转起来，开口之前要思考的有：说什么内容、整体怎样的序列组织、大致用什么样的语气等有声形式。说的过程中还要及时监控和调整，考虑已经说出的表情达意的准确度如何、交际效果如何、是否要补救或调整、如何调整、以下要说的内容还有没有增删、有哪些增删、如何增删、形式上如何延续或调整。总之，思维的任务不仅有开口前的准备，还有在行进中回馈和预测，再进一步的准备。思维积极起来，情感也会与之并驾齐驱。思维和情感还会相互激发，相得益彰。

当然，语言这个工具人们使用的熟练程度不同，每个人的语感和交际能力也有高下之别，所以，思维的结果也会有不同的成效。思维，不可懒惰，也不可僵化。思维情感的敏锐丰富程度，最重要的取决于人对事物的认识能力、分析能力，仅仅卖弄语言技巧只能是权宜之计。想得好，还要说出来，表达好。其中就有比较实用的方法。

（2）语结的寻找与生长

准备的时候逐字逐句地想好，不利于表达内容的灵活和形式的灵动。如何能寻找到好的语结，是表达流畅精彩的重要基础。

①语结的存在与作用

语结存在于人们的实际语言表达中。人们发言前在纸上写的几个词，一些新闻标题，还有一些文章的关键词，这些都是语言展开之前的种子，也就是语结。

②语结的运用

语结要运用得好，为语言表达服务，那么需要用到语用者的底蕴。这里有两层意思。一是说语言不是纯形式的东西，它需要语用者调动已有的积累，从内而外生发；二是语言又是存在于交际中的活的东西，它可以在交际过程中得到充实而进一步提高使用效果。好的语结，要对所谈的事物情况有所积累有所思考。

语结的质量直接影响到生成的语言成品的质量。因此，在寻找确定语结的时候，就要重视新见解和语结的色彩。要有话说，说得流畅，说得得体。

因此，语结的寻找，要考虑在什么场合中，自己有怎样的储备底蕴，对方的需要和即将出现的反应，最重要的是自己的见解。然后选择合适的色彩继续展开成语脉，形成语篇。

（3）整体设计语言

①整体设计语言的作用

在语结生长成语脉的过程中，还有很多的方向、色彩的可能性。这时候，如果有一个整体设计，就能更好地如愿发展。对自己的语言表达的色彩、氛围有了整体设想，并且用语言外化出来。这就是整体设计语言，规划决定着具体语言的走向，整体设计语言整体引导着语言走向的流畅。

②整体设计语言的运用

设计好整体设计语言。设计的原则主要有适切性原则，即适合交际目的、内容、对象、场合，切合语境是关键；简明性原则，要简练明白，适合操作；鲜明性原则，即要有表达者和这一次交际活动的个性；还有积极性原则，要投入交际，关注交际效果。

整体设计语言在实施过程中也有几个原则。首先是准备原则，包括内容和心理的双重准备；二是首句原则，也就是第一句话定的调要适合；三是合作原则和礼貌原则，这也是语言交际的基本原则；四是监控原则，整体设计语言不是一劳永逸的，还要在交际中时时监控，随机调整。

四、口腔整体状态的控制

对于普通话的学习者而言，把有限的语音学习时间都用在纠正个别发不准的语音上，容易产生畏难和懈怠情绪，也不利于提高语音学习的效率。如果能在普通话语音学习初始就教给他们掌控口腔的一些方法，等于先建立了对于普通话发音的要求，再进行具体的语音教学，就会事半功倍，也便于学习者自我调控。

准确清晰的语音面貌要依靠对构字系统的磨炼与雕琢，通过改善调整口腔状态，使普通话语音学习者掌握发音更便捷，帮助学习者从掌控构字器官的角度来发准字音。

加强口腔控制能使声母的部位准确、韵母的动程鲜明，还能帮助发音圆润不扁涩、集中不散漫，符合语音审美的要求。

（一）加强口腔整体状态的必要性

任何语音的形成发出都是经过口腔全体构字器官共同配合、协调完成的，即都经过口腔整体状态的调整而生成的。这就需要普通话语音学习者们要重视将口腔控制和语音训练两者紧密结合在一起，因为口腔控制与语音练习相辅相成，是相通的，缺一不可，在具体操作上没有先后之分，应该同步推进，这样才能加速学习的进程。调整后的口腔状态贯穿整个发音的过程中，构成发音动作的基础。它与修正某一字音的发音动作不同，对某一字音发音动作进行调整是改进某一个字音的发音，而对口腔状态的调整会对所有字音都产生影响。

1. 口腔控制与发音的关系

口腔对于普通话语音发声至关重要，没有口腔活动的参与就不可能产生语音，口腔构字系统中可控的部位有唇、舌、上腭，其工作原理是口腔内的构字器官在一定部位通过一定的方法形成阻碍或者变化形状，使呼出的气流和声源产生的语声通过口腔时发生音质变化从而形成语音。具体来说就是喉部发出的声音在口腔内受到各种节制而形成不同的字音，这个节制的过程就是构字的过程，通过构字器官唇、齿、舌、腭这些部分的活动，使口腔能灵活变换它的容积和形状，形成不同的语音。它们对呼出气流构成的各种阻碍形成不同的辅音，它不同的形状与容积造成了不同的元音音色；而它的肌肉的每一次紧张构成一个音节。由此可见，要想发好字音就要对口腔内的构字器官灵活控制；要想使字音清晰而优美，首先要锻炼咬字器官。口腔是一个协调动作的整体，各部分互相关联；它们之间又各有分工，对发音质量起不同的作用。

对各部位的感知固然离不开语音知识，但对于构字系统各部位的把握更有利于从全局的高度上进行语音面貌的重塑，因此应该充分发挥口腔控制的作用以提高语音质量。口腔的控制就是对口腔各部分的自然常态进行适度调试，使口腔充分打开、唇舌力量集中，营造良好的发音环境。可以说口腔控制与发音之间是相互依存的关系，从某种程度上说是牵一发动全身，一通百通。

2. 构字器官无力造成语音问题

学习者的许多字音问题都源于缺乏口腔控制意识，而且还呈现出一系列的语音问题。如果进行针对性的口腔调适，语音质量会有大幅度的提高。

（1）唇无力

唇处于口的前端，是字音的出口，唇的控制对字音质量影响明显。发音时如果唇向前撅起，等于又在唇齿间加了一道空间，会产生 u 的色彩，并且会给人以闷暗之感，也容易使得字音包在口中。如果唇收拢来与齿相依，声音会明朗许多，也能将字音送出口外。普通话韵母的开、齐、合、撮都与发音的唇形密切相关；韵母的开、齐、合、撮与唇形有一定的对应关系，唇形的不准确会使字音出错。比如东北、西北方言区的学习者往往 o、e 不分，而这两个音的舌位完全相同，只是依靠唇形不同来区分，学习时更要严格加以辨别、把握。

（2）舌无力

舌无力的问题在普通话语音学习者中具有普遍性，舌的活动直接影响字音的准确。发辅音时是舌的有关部分与口腔上部构成阻碍；发元音时是舌位适当的前后高低变化；在音节中，是舌符合规律的活动状态。如果舌无力就会造成各种发音问题：辅音要求舌的弹动力，舌的弹动力越强，声母发得越清晰；舌如果软绵绵的，阻气乏力，声音就较模糊。例如舌尖中阻 d、t 的发音，舌尖缺乏弹发力量，和发音部位的接触点就瘫软无力，成阻的面积会较大，力量分散显得笨拙也影响音准；还有舌面音 j、q、x，如果舌面上拱的力量不集中，一是会紧贴牙齿造成尖音，二是还会形成舌面中间塌陷的问题，就像含着舌头说话一样。许多方言区的人学习普通话语音的难点是平翘不分，在明了理论后单音也许能发得准确，可在语流里就难以准确发音，原因就在方言中舌的动作没有舌尖前 z、c、s 和舌尖后 zh、ch、sh、r 的对应区别，只有加强舌的不同部位的力量，才能在普通话的实际发音中灵活准确、反应灵敏，准确率才会高。另外舌无力还会造成舌高点不鲜明，影响元音的准确和鲜明程度。对于复合韵母的字音，舌的滑动感必须强、滑动幅度较大，这样字音才能准确完满，而舌无力本身就缺乏活动的张力，滑动的幅度也有所欠缺，从而影响到复合韵母整个舌位动程的到位与完整。

（3）下巴紧张

下兜齿的习惯会和下巴较劲，特意用力于下巴不仅会导致喉部紧张、发音费力，而且还使口腔形状处于不稳定之中，基本处于大撒口从而影响口腔的开合度。另外下巴紧张会使舌根僵硬，造成舌前中部塌陷，影响到一些韵母的准确发音，比如会造成 ue、ie 的发音总有含舌的意味，使得舌位不对、发音含糊。下巴紧张还会连带着唇向前撅起，造成圆唇音和扁唇音对比不明显，也容易造成语音普遍带有 u 的音色，影响发音的清晰。其实下颚的活动性很大，张口、闭口完全由下颚的位置来定，发音时下颚要自然放松，往后稍收一些，这可以防止喉部肌肉紧张，打开喉咙。下降得太低、口腔张得太大，会挤压喉部容易产生喉音；而有的人下颚下降不够、口腔不开，也影响口腔共鸣。

（4）牙关不开

发音习惯不好，牙关紧、口腔开度较小，自然口腔容积也较小，舌就没有充分的伸展空间，可能会造成单元音舌位不到位而影响音准；由于不能使舌位形成明显的高低对比也会影响到复合韵母的舌位动程，发音时复合韵母舌位的准确程度就大打折扣；还会导致鼻音浓重的问题，牙关不开软腭也是下垂的，气流就会更多地走鼻腔，导致很多元音发音鼻化色彩明显；另外发不同元音的口腔开合度的比例关系全靠牙关控制，要保证各个元音鲜明饱满的音色就要有略大于日常口语的适当口腔开度。

3. 从教与学两方面着手提高掌握语音的效率

语音教学的任务是既要使学生懂得知识，又要使学生通过相关的训练形成技能熟练运用，能否高标准地达到此目的，语音教学的方式起着重要的作用，语音教学是就错纠错、分步骤给予还是同步调动整体口腔状态，显然效果是不同的。口腔控制与发音的关系有鲜明的交叉性和融合性，只有把两者有机地结合起来，同步并进浑然天成，才能取得最佳的教学与学习效果。

将自我的口腔状态调整到更符合普通话发音的要求，才能顺利地掌握普通话语音的发音要领。

（1）学习者角度

对于学习普通话的人而言，把有限的语音学习时间都用在纠正个别声母或韵母发音不够准确上，局部的练习都需要长期反复地操练，容易使学习者望而生畏，产生畏难和懈怠情绪；也容易使学习者专注于细微之处，忽略了更为重要的整体状态把握，降低了学习的进取心，以致造成学习的僵化。因此在普通话语音教学中，如果在学习初始能教给学习者掌控口腔的一些方法，等于建立了对于普通话发音的要求，再进行具体的语音教学，就会事半功倍，也便于学习者自我调控。这一阶段学习者也应该重视对自身发音器官的调动、感知和开掘，要确立加强口腔控制来引领普通话发音的意识，在实际语音的演练中注重通过自己的感知和体会调动语言发声器官的运作，从而有效地带动整个系统的发音，这对于普通话语音质量的提升大有益处，也是提高效率的手段。

（2）从教学的角度分析

普通话语音教学是一个系统工程，要想提高教学效率，只有改善了口腔的整体状态，为普通话语音的发音提供有利的环境，才能达到牵一发动全身的效果，大大提高语音改进的效率。教师在教学中应该加大普通话语音和口腔控制知识的输入量，齐头并进共同提升学习者的语音质量，教学效率提高才能落到实处。还要注意在普通话语音学习的初始阶段，如果对口腔构字器官的动作斤斤计较，容易打击学生的学习积极性，使他们产生畏难情绪，因此教师要抓住学生问题的共性，比如软腭下垂松弛对发音的影响等具体讲解。至于非共性的问题，有些是生理的、有些是习惯因素的影响，对于学习者情况要具体分析，有针对性地对口腔状态进行调整，不能强求一律。在训练内容的安排上，也要循序渐进、因材施教。

改进口腔整体状态提高语音质量这一问题也是在教学实践的推动下进行的，这是非常有意义的探索与总结。

（二）加强口腔整体状态的可行性

准确清晰的语音面貌要依靠对构字系统的磨炼与雕琢，通过改善调整口腔状态，使普通话语音学习者掌握发音更便捷，帮助学习者从掌控构字器官的角度来发准字音。

加强口腔控制可以从发音的准确性和美观性两个层次对语音质量进行改善和提升，只要加强口腔开度、拉大舌位动程就能改正一系列的语音问题，提高语音质量。

1. 加强口腔整体状态使发音准确

要想语音清晰准确，就必须讲究咬字的"力度"，若没有口腔各部肌肉的配合动作，"力度"是难以实现的。控制口腔的技巧也就是指控制普通话声母与韵母的发音技巧。没有字正腔圆，就谈不上字音的准确到位，可以说训练口腔的目的是要达到"字正腔圆"的效果，为准确的发音创造一个良好环境。

（1）声母的部位准确

普通话声母的发出与口腔的调节是分不开的，声母是由发音部位和发音方法来决定的。在汉语普通话的所有音素中，除辅音的唇音 b、p、m、f 外，无不依赖舌的活动；舌头的前伸、后缩、抬高、降低、平伸、翘起等活动，都能改变口腔的形状，从而产生各种不同的声音。从这个角度看，对舌的活动控制是咬字中最重要的一环。咬字的力度实际指口腔各部肌肉力度的把握，尤其是唇舌的有关部分与口腔上部构成阻碍形成声母，构成阻碍的面积越小力量就越集中，越便于把握。如果音波通过口腔时在双唇部受阻，双唇肌肉绷紧幅度大，力量集中于唇中央，双唇音的发音就有力度和清晰，反之双唇肌肉松弛瘫软，力量分散，双唇音的发音就含糊。同样舌尖、舌根的弹性与力度决定了 d、t 与 g、k 这两组舌尖中阻、舌根阻的声母力度变化；而舌尖翘起、舌面上贴、舌叶上接等力度的加强也会使 zh、ch、j、q、z、c 这些声母的力度加强，不会出现塌舌、含舌或者由于成阻面积大造成地挤、贴的语音问题，可专门做集中舌体力量的训练，强化舌体不同的用力部位，做到接触部位准确轻巧，全面锻炼舌头的力量。声母发音时，肌肉动作的软与硬，又可带动它后面的韵母，从而影响整个音节的清晰与含糊。

（2）韵母的动程鲜明

普通话韵母的发音也与口腔的调节密切相关，韵母与唇形有一定的对应关系，开口呼发音时唇放松，唇的开度也大；齐齿呼发音时唇形扁平；合口呼唇呈圆形，口唇有合拢的感觉；撮口呼发音时唇形较圆，从嘴角向中间集中，有撮唇感。另外个别单元音舌位完全相同，仅仅依靠唇形加以区别，唇形控制对普通话韵母有特殊意义。

发韵母时，舌位适当的前后高低决定语音的准确与否，舌头的作用在韵母发音中也很重要。单元音 i、ü 的发音，口腔开大些，舌高点略向后移，舌面略用劲，声音明朗通畅；复合韵母的发音要增强舌的滑动感与唇的展撮感，适当扩大舌的动程，避免发音平直近乎单元音；鼻音韵母的发音注意软腭的打开，不要发成鼻化元音来代替韵尾的鼻音趋向，前后鼻音的舌位趋向要鲜明，不要发成不前不后的中介音。

打开牙关能扩大口腔在纵向上的容积，舌头的活动范围就大，使得舌位能形成较明显的高低对比，增加舌位动程的鲜明程度。普通话语音中有许多问题出现在基本元音 a 的发音上，a 音发音有问题就会连带着所有带 a 的音节不清晰，a 的发音问题往往和舌位不够低有关，这和口腔开度不够有直接关系。打开牙关也对形成较圆的后声腔起一定作用，它有助于舌尖、舌面及舌根的变化，使发出的字音得到改进。牙关的打开还使得口腔的前部运动更加有力，直接影响字音的清晰饱满。

（3）吐字归音的整体调适

字音的清晰准确还要依靠基于汉语语音特点的对唇舌等发音器官的合理把握——讲究"吐字归音"。我国传统说唱艺术中"头、颈、腹、尾"之说颇得汉语音节特点的精髓。普通话语音咬字也十分讲究"字头叼住弹出、字腹拉开立起、字尾到位弱收"，这和语音的准确也有直接关系。

这里表面是从语音面貌的角度提出要求，实际也暗含了对于发音器官的要求。要做到"叼住弹出"就必强调唇舌的力度，要根据各类声母发音的特点以及唇舌各自不同的着力点进行相应的训练。例如双唇音：唇喷吐力的体现；舌面音：舌面上贴力量的把握；翘舌音：舌尖上翘力量的掌握。这些技巧无一不同时决定着声母发音的准确。要做到"拉开立起"除了强调整个口腔开度以外，还必须针对各类韵母的特点适当调节舌位及动程以保证各类韵母都尽可能响亮动听。尤其是复合韵母中的三合韵母，舌位的滑动幅度要鲜明，只有通过拉开立起来凸显主要元音的饱满，整个动程才完整，同时也避免由于拼写的简写把韵符忽略掉，保证了韵母发音过程的完满。

要做到"到位弱收"就必须要"善始善终"，把握后缀的趋向，也就是字已出口但是口腔状态并不马上放松，而是要保持一瞬间的均衡紧张，这样才会给人完整的感觉。尤其体现在区分前后鼻的发音上，前鼻音归音是舌尖回到上齿龈，后鼻音归音是舌体直接后缩至软硬腭交界的位置，有了归音的意识就能帮助发音者发到规定的位置，确保发音的准确到位。

2. 加强口腔整体状态使发音悦耳

我国传统上对发音玉润珠圆的审美观念，影响人们对普通话发音的审美要求，人们希望不仅发音准确不产生歧义，同时也能带来一定的审美享受，使自己的声音更具魅力。从这一角度来看，发音的美化也尤为重要。口腔的开合、舌位的前后、舌头的厚薄、嘴唇的变化、下颚的松紧都能改变口腔的形状，要想使语音圆润如珠就要充分利用这些可调器官，在音位不变、字音准确的条件下，使这些器官适应变化，足以能够达到"腔圆壁坚"的效果。

（1）语音圆润

口腔的开度能直接美化音色：口腔竖向打开，共鸣效果就好，声音比较圆润悦耳，口腔横向咧开，共鸣效果就差，声音显得扁而直；口腔内部打得开容积就大，口腔打不开容积就小。不能适当发挥口腔共鸣作用，就不可能使字音圆润动听。还有舌的滑动感也影响字音的圆润度，舌的滑动感强、滑动幅度较大，字音才能圆润饱满。

圆润的对立面是扁涩，吐字扁而干，缺乏润泽不悦耳，吐字圆润饱满应是学习努力的方向；声音散漫不聚焦，影响字音的清晰度，从发音效率上看也不经济。要想达到腔圆的效果，就需要调整一系列的口腔动作与之配合，有关部位协同动作综合治理。比如打开牙关、挺起软腭是为了最大限度地增大口腔的容积，分别扩大了口腔的中部和后部，使共鸣更充分，声音洪亮，同时也使舌有了充分伸展的空间，字音舒展不会闷暗浑浊。颧肌提起，使唇有了依托，也增大口腔前部，发音更清晰，这些动作配合起来，使得口腔全面打开，为腔圆的实现提供了良好的共鸣环境和语音制造场。

（2）发音集中

无论是声母还是韵母的发音，主要与唇舌力度有关。唇舌的有关部分力量集中，声音就集中；如果力量分散，声音也就散漫。唇舌力度的加强不是唇舌全面用力，不是满嘴用力。唇的力量要集中于唇的三分之一处，不必满唇用力，这样有利于发音的清晰有力。舌无力、塌舌、成阻大这些造成的语音问题都可以通过加强舌的力度集中解决，舌中部挺起，力量集中于舌面的中纵线上，才能保证舌体与硬腭或齿龈接触的着力点准确有力，从而有利于舌的动作在咬字过程中弹动有力而灵活。

唇的展撮动作要变化灵巧，遇到撮口呼与齐齿呼相拼的词组，如"天气预报、京剧演员"要善于调整适应，避免反应不灵敏造成的错误。同样舌的灵活度也决定了 n、l 的分辨、前后鼻音分辨发音的准确。

在发音中还可以体会感觉经口腔发出的声束，沿上颚中线前行，向硬腭前部流动冲击，从而产生声音挂在硬腭穹隆上的感觉，这样声音明朗、润泽，发音省力。

（3）居中的把握

声腔窄小就会使发出的字音扁挤，由于前声腔相对开得大些，声音分散不集中就是发音偏前；舌体后缩，只扩大后声腔使带有 o、ao、ou、ang、eng、ong 等这样的韵母发音偏后，字音闷暗、喉音较重，出现音包字的现象。语音与发声是密不可分的，发音不清楚声音不自然，声音控制无度发音就失去基础。无论声音偏前偏后都可能导致舌位的变化，致使语音发音产生偏差。

在不改变元音音位的基础上，舌位允许有一定幅度变化。这个不改变元音音位的幅度实际上是口腔形态改变的幅度，比如 a 音发散，在调节了前后声腔的开度后，就可使 a 音集中。i 音发挤，只要调节口腔开度就可使 i 音明亮、圆润。口腔的这种可变性，对于改善元音音色，使之更符合大众对于字音的审美观念——"字正腔圆"中的"腔圆"非常有利。普通话语音的发音讲究中庸原则，即前音后发，窄音宽发，都是为了保有口腔中部的开度最充分，同时共鸣效果好，才能取得最好的发音质量。

（三）掌握调整口腔状态的原理

1. 口腔的可变性

口腔是发音器官中最复杂动作最灵活的腔体，口腔的开合、舌位的前后、舌头的厚薄、嘴唇的变化、下颚的松紧都能改变口腔的形状，所有的字音都在口腔内完成，构字器官为创造良好的发音环境，做一些必要的调整是很重要的。

口腔的两大部分上下颚可以有控制地开合，以改变口腔的容积：口腔的上颚连于头骨不能活动，全靠下颚带动下巴活动。下颚既稳定又灵活，具有转动和滑动联动关节的作用，它的运动关系着咀嚼、语言和表情等功能。

口腔下部有能灵活运动的舌,它可以与口腔上部形成各种阻碍,舌高点使口腔分为前后两个腔体,舌的形状变化使口腔的形状也随之变化:舌是口腔内体积与表面积较大的无骨质肌肉组织,它的状态对整个口腔状态都有影响。一方面,舌后部的提高或后退都会使口咽部变得狭窄而不利于声束的通过及共鸣的发挥;另一方面,压舌根又会导致喉部肌肉的紧张,因而发声时舌面后部以平展状态为好。另外舌体坚挺,音波吸收得少声音就响亮;舌体松软,音波吸收得多声音就暗淡,舌是活动最积极、影响最大的咬字器官。

口腔上后部的软腭能升能降,以阻塞或打开鼻腔通道,改变口咽的形态:软腭提起,咽闭合,鼻腔通路即被切断,这是发出声音的一般状态;软腭下垂,鼻腔通路打开,这是日常呼吸及发鼻辅音或鼻化元音的状态。在吐字过程中,软腭的升降是比较频繁的,如果活动不积极,经常处于下垂状态,就会出现囔鼻音。

口腔最前端以开闭、展撮自如的唇为声音的出口:韵母的开齐合撮都与唇形有关系,唇形会影响字音的准确,特别是舌位相同、唇形不同的单元音更要严格区分,唇的活动受口部肌肉的控制,颧肌能牵动唇向外向后,贴近上下齿,使发音更清晰。

正因为如此,所有的部位都听从发音的指令,跟随要求相应调整,以符合发音的需求。口腔的大小可改变,肌肉的力度可调整,口腔的这种可变性为改变字音的发出提供了一个有利的条件。

2. 调适改进构字环境

(1) 提颧肌

提颧肌是指通过颧肌上提收缩,将上颚前部抬起。它对增加口腔前部的共鸣,提高声音的明亮度和字音的清晰度都有明显作用。

颧肌用力向上提起时,口腔前上部有展宽的感觉,同时上唇与牙齿相贴。口腔前部开度加大,能够使声音在硬腭前得到比较充分的共鸣,同时唇齿相依也使唇的运动有了依托,较之于松颧撅唇、唇齿分离更容易把握咬字的力度。

提颧肌不是提笑肌、提嚼肌,前者面部肌肉向上提起嘴角不咧,而后者面部肌肉是向两边展开的,以咧嘴角为特征。因此练习提颧肌应防止嘴角横着咧,否则不但共鸣难以增强,还会使字音发扁、发散。在颧肌提起的同时可以适当收唇,并将嘴唇拢圆,这样就能既避免咧嘴角,又可以使咬字力量得到加强。

（2）打牙关

打牙关是指上下颌在发声时要有较大的开度。牙关打开，可以增大口腔中部的容积，改善共鸣效果。

打牙关要使上下槽牙之间拉开一定的距离，尤其是双侧上后槽牙应保持向上提起的感觉。可以用开口度较大的元音 a 的发音来找感觉，并用"以开带闭"的方法助元音打开口腔，带动这些元音的发音。

口腔的开与不开是相对而言的，不存在绝对，表达时牙关开度也不能一成不变，否则会过于生硬。

（3）挺软腭

挺软腭是软腭有意识地向上抬起，以改变平时说话软腭松软下垂的状态。它可以起到两方面的作用：第一，软腭上抬，口盖变得较为平直，扩大了口腔后部的空间，使共鸣得到改善；第二，软腭挺起，缩小了鼻咽的入口，使流向鼻腔的气流减少，避免产生大量的鼻音。软腭上抬也要适当，并非抬得越高越好，上抬过高容易使发声显得不自然。同时在表达中还要注意，不能一"挺"到底，应在程度上有所变化，否则会带来"音包字"的问题，影响语言的清晰度。挺软腭的状态，可以用夸张吸气和"半打哈欠"来体会。有些字音（如"好"）发音时口腔后部的开度明显增大，用它来帮助找挺软腭的感觉，也能收到较好的效果。

（4）松下巴

松下巴是与打牙关相配合的扩大口腔容积的方法。由于生理构造，松下巴在打开口腔方面比挺软腭更具有实质性的效果。下巴不着力，保持放松，咬字很轻，略显含糊。这种感觉能够帮助下巴放松。同时，下巴自然内收也有助于放松。

说话时下巴用力是个不良习惯，下巴用力会使舌根紧张，咽管变窄，口腔变扁，造成咬字生硬。咬字的力量应主要集中在口腔的上半部和舌头上，下巴则应处于放松的状态。

（5）整体协调

构字系统能力的提高需要进行整体口腔状态的调整。松下巴和打牙关互有帮助，提颧肌和挺软腭也是相互依存的关系，存在一定的连带性。打牙关和松下巴都是一种向下的作用，提颧肌和挺软腭都是一种向上的作用，这两种不同方向的作用力形成两对矛盾。处理不好，会发生一提颧肌就带动下巴的紧张，进而引起喉头的紧张;而一松下巴则又连带颧肌的放松、软腭的松塌,造成整个口腔状态懈怠。所以口腔状态的训练实质是处理好口腔向上和向下两种作用力之间的矛盾问题。必须要找到一个合适的度,使得上下均衡,开合自如,均不过分着力。

五、气息运用

普通话"发音标准"和"自然流畅"是普通话水平测试的高级要求。声调的到位和气息运用密切相关;吐字的准确、清晰、流畅也在一定程度上依赖于气息的运用;增强气息运用能力,可以解决语言表达中的停连衔接不好、语调生硬等问题。

将气息的灵活运用与口腔控制结合起来,有助于学习者将字音发得准确、轻巧,使语言自然流畅。善用气息运用技巧,培养学习者的气息运用整体调节意识,结合口腔控制,结合表达的需要,正确合理地调整气息状态和灵活地运用气息,增强气息运用能力。

在汉语普通话的教学实践中,学习者理论上掌握了学习要领,也进行了刻苦训练,但是有时候进步并不明显或者问题没有得到根本上的解决。学习者虽然掌握了声调的发音要领,但是在实际发音中仍然出现高音处发音不到位,低音处声音在喉部发不出来的情况。学习者找准发音部位,音节仍不能发得准确、清楚、轻巧。朗读中,停连衔接不好、语调生硬等导致语言不流畅。这些问题的出现都是对气息的运用不当导致的。因此,普通话教学中学习者的气息运用也是评价其学习效果的重要的一环。

(一)增强气息运用能力的重要性

1. 气息与吐字清晰的关系

有声语言是用来表情达意的,只有音节读得准确、响亮、生动,才能清楚而准确地表达语意和感情,比如声母辅音的发音准确清晰,需要做到发音部位准确和发音方法运用得当,而其中的发音方法就涉及气息运用的问题。怎样在"成阻—持阻—除阻"的过程中控制好气流的大小、强弱、断续的变化,使发音准确、清晰、轻巧。比如发塞擦音 q、ch、c 时,腔内必须蓄满较强的气流,否则气流较弱就变成了 j、zh、z,不仅影响自己的语音面貌,而且会给人造成听感上的错觉和误解。

韵母的发音也讲究气息的强弱变化，这样才能使字音清晰圆润。另外，在有声语言表达中，像声调、轻重音等一些具有韵律特征的正确处理也需要气息有相应的强弱的变化。

2.气息与语言表达的关系

（1）气息是语句连贯的基础

在有声语言表达中，内容清楚完整、语句连贯流畅是起码的要求。但是有声语言表达不同于日常生活中的说话，它受文字稿件内容的限制，不可能像日常生活说话时那样随心所欲地停下来换气。为了使表达清楚准确，使稿件的意思完整，听起来流畅自如，需要在分析和把握作品的基础上，做到换气服从表达的需要，而不能因为频繁换气影响语句流畅和意思完整。如果气息运用得好，"字化""词化"等不连贯问题就能得到解决。因此如何实现自然流畅，将理解的内容落实到口头上，气息的作用十分重要。

（2）气息是感情色彩变化的依托

有声语言表达思想感情本身就是变化着的。从丰富变化的感情出发，语句才能真正连贯流畅。而感情的变化会直接作用在气息上产生相应的变化，气息是感情和声音之间的桥梁，是一种极为重要的表达手段。人在喜悦时，气息舒畅均匀；紧张的时候，气息较浅，气量不够用，常伴随频繁急促的换气；生气郁闷的时候，气息较深，呼吸节奏较慢。掌握气息运用的基本方法，根据稿件内容的变化进行气息的深浅、缓急、大小的调整，丰富多彩的思想感情才能准确到位、连贯流畅地表达出来。否则，平铺直叙式的乏味表达只会削弱有声语言的表现力。

（二）气息运用影响发音准确性及流畅性

1.音节的问题

（1）声调的问题

声调的准确程度直接反映着普通话语音面貌的整体水平，人们常说的普通话"味儿"不对，其主要原因就是声调不准确。学习者掌握了声调发音要领，但是在实际发音中由于不懂得运用气息调节来发音或者气息运用能力差，声调不准确的问题仍然无法得到根本改善。常见的声调问题表现在：

①时值偏短的问题

时值偏短的问题，常见于两字词连读的第二个音节发音和语句结束时的末尾音节发音，它们的调值应该是完整的，但是往往因为发音者的气息量偏小，不足以支撑声调的完整发音，造成声调发音时值偏短。上声的时值在四个声调中最长，在"x+上声"的两字词中，上声的发音调值应该是完整的（214），但实际发音中，由于发音者的气息支撑不够或者气息绷得过紧，在时长上支撑不够，造成发音缺陷。在普通话水平测试中，读"苹果、领导、电影、向往、宽窄、纹理"时，由于气息的力度和松紧调节不好，造成末尾上声音节的发音缺陷。发阳平音时，上扬的趋势很正确，但是在声音上扬的过程中突然停止，听起来让人觉得调值偏低，其实也是时值偏短的问题。如发"难民、人情"的时候，"民"和"情"的调型是准确的，由于发音偏短在听感上使人觉得调值不够。阴平和去声的调值如果读得太短，在听感上就会比较接近，造成错读。

②调型上的问题

上声是普通话四个声调中唯一有弯曲变化的声调，上声的升降变化是平滑的弯曲变化。发上声时，声音出不来，即使声音出来了也是硬拐弯，甚至会压在嗓子里说不出，显得生涩不流畅，这主要是因为发音者气息控制僵化。发上声调时气息变化要注意相对而言"紧—松—紧"的连续变化，在变化中低音处声音才能沉下来，才能避免拐硬弯的现象。

③调值不准确的问题

普通话的语势总体是轻扬的，在四个声调调值中，高音成分居多，听起来清亮、高扬。调值如果不够，就会使人觉得普通话不标准。"调值不够"主要表现在：阴平发音不够高，阳平起音低或尾音不够扬，上声的尾音偏低（只发到213），去声起音不够高。气息压力弱，喉部过紧，气息托送不好，会导致发音拙硬、声音颤抖，严重破坏普通话的美感。

（2）声母的问题

咬字的力度直接影响字音的准确度。如果咬字无力，声母辅音就会发得不准确、不清楚，甚至会发错音，尤其是在发送气音和不送气音时。比如发"关心"时，如果气流蓄积力度不够的话，在发音释放气流时就无法形成一定的紧张度，气息自然地从口腔中流出，就会错发成送气音"宽心"，这在意义上是有很大区别的。另外，咬字如果无力，就会直接影响整体字音的清晰度。阻气无力的话，气息就会在除阻时大量流失，直接影响到字头乃至整个音节的吐字力度，不能支撑后面韵母的发音，字腹无力拉开立起，更谈不上字音响亮、清晰。

在咬字过程中，对于声母辅音发音过程的"成阻—持阻—除阻"的处理有一定的技巧。成阻和持阻除了部位准确之外就是要有集中而适度的气力；除阻的时候速度要快，如果摩擦段过长，不仅会形成噪声，还会造成字音黏着，发音不清楚。当然，如果字头叼得过紧、过死，持阻时间过长，蓄积气流过大，在除阻的时候爆发力就会大，又会造成吐字"滞拙"，使发音显得笨拙、生涩。如果是在语流中，还会直接影响整体的流畅度。

2. 语流的问题

在普通话水平测试中，引起语流不畅的原因很多，由于气息运用上的问题造成的语流不畅就是其中之一。比如停连衔接不好、语调生硬而导致的语句不连贯、不顺畅，就可以从气息运用的角度来帮助解决。

（1）随意换气停连不当

停连不当会造成语句零碎、不连贯。造成停连不当的原因很多：理解不到位，不该停的地方停，或是错误地认为逢逗号必停；气息量小不饱满，一口气支持的语言单位短、小，为了生理上的需要必须停下来换气。随意换气的现象在处理长句子的时候表现尤为明显，这不仅严重影响到语句的连贯流畅，甚至影响到语义的清晰完整。频繁换气、混乱停顿，会使语句零碎，严重破坏语意。

（2）蹦字吃字

快读的现象在朗读中也十分常见，朗读者见字出声，一味地往前冲，快读而不停顿，只求将句子读完，直到一口气用竭才停下来大口换气。语速过快容易蹦字，语流的自然曲线受损而变得僵直。另外过快的语速使字音的清晰程度降低，甚至出现"吃字"现象，严重地影响语意的表达。

（3）重音不明显

在普通话水平测试朗读过程中，朗读者重音表达不恰当、不贴切的现象并不少见。重音不突出、不鲜明，语势就显得没有起伏、平淡。问题常出现在重音的表达上，朗读者在表达的时候，由于气息运用不好，在语势向前推进时，力不从心，甚至事与愿违。

（4）停连衔接不好

停连衔接不好会直接导致语句不流畅。气息量偏小，句尾泄气、句首换气，这样在听感上每一句都有结束感，破坏了语言的流畅和语意的完整。

衔接处理不当还会影响到停顿后气息的起动，而气息起动不好会直接影响到语义的推进，表达就显得平淡不自然。朗读者虽然具备了较为充足的气息量，但是气息调节的能力差、僵化不灵活、停顿前后衔接生硬、不流畅，也不能形成语句的连绵起伏之势。

（5）字化词化不连贯

造成字化词化原因很多：观念上的错误，在语流中也要追求单字词的音节标准，认为词准句子就准确；气短，客观上造成了字化词化不连贯。气短一般是因为气息量小，在表达中频繁喘气、换气，不断停顿；心理和肌体的紧张感，气息下意识地上提，导致僵化、气息量不够。

（三）气息运用能力的评价标准

1. 运用气息把音节发得准确

（1）声调的准确

普通话声调的发音与气息压力的调节关系十分密切，气息运用调节得好，声调发音才能够准确且轻巧省力，才能形成抑扬顿挫的韵律美。

虽然声音的高低跟声带的松紧关系最为直接，但是，气息的力度应该与声门闭合的力度相匹配。声音越高，需要的气息压力越大；声音越低，需要的气息压力越小。另外，还要保持气流向前流动的感觉，将气流向口腔前部推送，这样才能托送尾音，实现发音到位。

对于普通话四个声调发音的气息调节，需要做到：阴平气息平稳、气势平均不紧张；阳平用气弱起逐渐强；上声降时气稳扬时稳；去声强起到弱气通畅。

发阴平音，声调的开头起音要有饱满的气息支撑，用气类似于唱高音时的拖腔，要保持气流量小，气流力度强的状态，同时气息有比较明显的向前流动感。

发阳平音，起音时气流力度和气流量适中，逐渐向气息力度增强和流量减小过渡，在气息托送状态下实现尾音上扬。比如发一个夸张的阳平音节"拔"，调值上升，向上托送气息。

发上声音时，调值变化幅度较大，气息控制也较为复杂、难度较大。先从适中的流量和力度用气，变成发低音时的大流量和小力度的气息状态，然后渐渐减小气息流量，增大气息力度。

发去声音时，起音要高一些，起音时气息较强，随着音高下降，气流量由少到多，气息强度也随之减弱。

（2）声母发音准确轻巧清晰

声母的发音质量直接决定着语音的准确度和清晰度。在声母的发音过程中，气息很重要，气息运用的好坏直接影响着声母发音的准确与否，良好的气息运用能力有助于声母发音准确、轻巧、清晰。

①准确

"送气"与"不送气"在普通话中有辨义的作用。送气音和不送气音如果发得不好，就会导致发错音，直接给人带来听感上的歧义和误解。比如在发"刨冰"时声母b是不送气音，发音时呼出的气流较弱；如果气息压力过大、气流过强的话，在听感上就变成"炮兵"了。

②轻巧

声母辅音发音与"吐字归音"中"字头"（声母和韵头）发音关系密切。字头的发音叫"出字"，要求做到"出字有力，叼住弹出"。"叼住"是指声母"成阻—持阻"阶段的发音特点。"叼住"要与声母的"取气"相结合，"取气"与发辅音时口腔对气流的感觉有关，要在成阻部位找到气流的冲击感。比如可以发气感较强的擦音s、送气音p、t来体会感觉口腔中气流的冲击感。"叼住"得用巧劲儿，瞬间用力，不能过松也不能过紧。

"弹出"是指声母"除阻"阶段的发音特点和方法，要求吐字灵活轻快，有弹动感，这样才能带动整个音节，达到响亮清晰的效果。弹动感与气息压力关系密切，气流压力小，弹不出去；气流压力过大会形成喷口，产生噪声，影响字音的清晰度。

③清晰

在发擦音f、h、x、sh、s、r时，气流从两个发音部位之间挤过，有很大的摩擦成分，有一定的噪声成分。首先，气流通过的缝隙要相对窄，这样的字音比较清晰集中。同时发音时应该适当注意控制气流，擦音摩擦段不要太长，也别咬得过紧，否则，气流量过大会使说话时的口腔中的摩擦声过大，甚至伴随有哨声出现，这直接影响着普通话清晰明亮的声音效果。发送气音p、t、k、q、ch、c时，用稍稍收气的状态，既可以节约气息又可以使字音更清楚。

(3) 韵母发音饱满流畅

韵母在整个音节中明显突出、地位重要，声调也附着在韵母上。在有声语言表达中，所有的信息和情感分量都包含在字腹（主要元音）中，随着感情表达的需要，变化是有层次、有区别的。从某种程度上说，考虑字腹的处理是提高字音质量的关键，也是提高表达效果的关键。

因此，韵母发音不仅要准确，更要清晰、饱满。清晰饱满的发音需要充足的气息支撑。"吐字归音"对字腹的处理讲究"拉开立起"。

在"拉开"的过程中，需要气息支撑在一定的时值上给予保证，才有助于使字腹抻开，发音完整，字音清晰响亮。字腹在"立起"时，口腔开度大，气息充盈口腔，这样发音才能圆润饱满。另外，在发复合元音时，要求气流连贯，不能中断，这样才能实现前一个元音到后一个元音发音的整体"滑动"感。同时还要注意气息的强弱调节变化。比如，当发后响复合元音 ia、ua、ie、uo 的时候，需要前弱后强的气流，否则字音就不自然乃至不正确。

发音或圆或扁，从单音节的角度来讲都是正确的发音，但是在示意表情中往往会产生截然不同的表达效果。气息不足、字音扁，表达空间就窄，在表情达意上就可能不准确或不到位，听起来就会不流畅、不自然。

(4) 避免"音包字"现象

"音包字"是由于字腹发音偏后或者字头发音不清楚，导致字音在听感上含混不清。字腹发音偏后也就是气息在口腔中送达的位置偏后，在发音过程中，字音在气息的支持下，向前流动送达硬腭前部，有字音"挂"于前腭的感觉，使字音送达既明亮又轻巧，有效避免"音包字"现象。

字音送达位置不是绝对的，可以稍偏前或偏后，但字音送达位置不能偏移过度，偏后至"音包字"、偏前至发音虚假都是不准确的。

2. 增强气息运用能力表达自然流畅

语流的形式是用以区别意义和表达感情的。在语流中，一个个如珠的音节在字音准确、清晰、圆润的基础上，以变化了的形式——音变和轻重格式存在，与思维和表达同步，以自然的方式结成链，使语言抑扬变化、自然流畅，更富有活力和表现力。在有声语言表达中，语势的起伏、停连的衔接、重音的凸显、节奏的变化等表达技巧的运用有助于实现语句流畅，而这些技巧的运用必须有稳定而又灵活的气息支撑。在气息灵活调节的基础上，才能更加自然流畅、准确生动地表情达意。

（1）语势起伏变化时的气息状态

语势的上行或下落的变化，需要相应的气息上送或下送变化相配合。由于语势和语句重音的关系密切，一般情况下，重音位于语势的波峰处，语势的推进往往以重音为中心，重音之前，语势上行的过程中，口腔中气息充盈，小腹逐渐收紧，气息有上送感，向语句重音层层推进；重音之后，小腹逐渐松弛下来，口腔中的气流缓缓泻出，呈现下落收势。在整个语势变化当中，语句重音的气息变化幅度最大。如果是语势缓升，气息在上送的过程中，可以适当放松，但气息运用总的趋势是层层向上推进的。语势下落时，气息下松，但是要适当保持气息控制状态，不要一下子泄掉气息。

（2）停连衔接中气息的表现形式

在有声语言表达中停连的衔接有"停前收"和"停后起"两部分。如何处理好"收"和"起"二者间的关系，使句子连断自如，衔接自然流畅，气息的调节作用很重要。

①停顿方式包括落停和扬停

落停一般用于处理完整的句子之间、层次之间的停连或者稿件的结束处。在停顿之前，将气息呼出完毕，使话语停止，气息和声音都要收得住。处理句尾音节时，气息下松，呈现落势，形成稳定的收束感，字尾归音缓慢、松弛，气息绵长，产生"余音绕梁"之感。如果是在句子或层次间使用落停，停顿时间不能过长，随着思想感情的推进，在接下一句时，需要重新换气。

扬停适合于句与句、层次与层次间的推进衔接。停顿前，气息和声音有一种上行的趋势，蓄气饱满，气息支撑和用声力度偏强，句尾坚定，收气急缓适中，表现出"请听下文"之感。

②连接方式包括缓连和紧连

停而缓连给人一种声断气连、意连的似停非停之感。停顿之后声音顿挫产生空隙，不需要喘气或者深呼气，而是用缓慢的吸气支持声音稍微上扬或者略微拖音，使语势衔接顺畅；或者气息充足时，可以用屏气状态控制实现过渡衔接。

停后紧连一般用于有标点符号，内容逻辑联系比较紧密的地方，停顿后迅速连接，标点处短暂停顿，迅速补气，有时甚至不用换气，就着一口气带过实现紧连快带。

六、学生综合学习能力

普通话教学当中需要培养学生的学习能力包括语音听辨能力、模仿能力、理解能力、反应能力、表述能力和有声语言表达能力。有声语言表达能力又包括：对表达内容和对象的理解感受能力；及时调节能力；声音的适应能力。教师教学能力包括分辨判断力、因材施教能力和示范能力。

（一）语音听辨能力与模仿能力

要提高普通话的语音标准和熟练程度，首先必须对语音比较敏感。这个敏感体现在听和说两个环节。听的时候要有较好的听辨能力，说的时候要有较高的模仿能力。要听得出音色、音高、音长、音强的细微差别，将音素、音节模仿到位，还要能听出并熟悉整体的语调走势，然后模仿出来。

很多人在学习普通话的时候，表面上显出的是模仿能力不足，其实很可能是听辨力不够。听辨力是模仿力的基础。听不出示范者的发音，也听不出自己的发音，听不出二者的差别，当然也就难以模仿出来。因此，必须重视听辨力的培养。

学习普通话的过程，也是寻找方言母语和普通话异同的过程。普通话发音与方言发音相比照，相对而言音长、音强不影响意义的差别。部分音色和音高则会影响到表义和表达的效果。语音音色方面的难点，比如说声母平翘舌的区分、尖团的区分、边鼻音的区分等，韵母有前后鼻韵母的区分、发音宽展、舌位前后、唇形圆展、舌位动程的细微差别等。最难的还是音高上的听辨，调值上的五度差异实现起来还是有一定难度的。尤其是，方言中的调值和普通话调值很接近，但又有所不同，调整起来，更需要听辨得精细。

听力是可以经过训练提高的。"听觉器官对于音高的感觉是先天形成的生理功能。只要是听力正常，无须训练就会产生这种感觉。但是对于音高标准的建立则是后天的，经过训练可以培养的。一个从小经过严格训练的人甚至可以分辨出2000赫兹与2001赫兹之间的微小差别。这说明人耳经过训练，音高辨别能力可以得到极大提高。"

模仿能力也可以在实践中不断提高。但要注意和听辨力一起练习和培养。语音的模仿训练要注意局部模仿和整体模仿的结合。除了音素、音节的跟读之外，要注意多听标准流畅的普通话表达，增强语感，逐步内化，继而可以整体模仿出来。因此，好的语言环境有利于标准普通话的学成。

（二）理解能力、反应能力与表述能力

标准而流畅的普通话，不仅仅依赖于标准发音，这是远远不够的，毕竟语言是人们将内部思想外化出来的重要工具。因此，语言形式的内在依据还需要丰富容量和提高质量，这样才能使流畅的普通话更有源头保障。学习语言的过程，是在磨炼工具，也是想提高运用工具的能力。

在语言交际中，对于听来的或看来的或想到的，都要有一定的理解分析能力，包括听解、观解和思辨。对语言背后的意义要理解分析，并且做出相应的思考之后有自己的反应，然后用得体的方式表述出来。虽然现在的普通话水平测试还没有现场对话交流这个环节，但从考试设计的合理性上说，是应该增加这样的项目的。这样才更加符合语言交际的真实状态，才能真正考查出应试人的语言运用水平。

对于语言的理解，其实是对人、对世界的了解和体悟。对语言的理解能力，要熟悉该语言的基本表述习惯，更要用一颗敏感而理智的心去体味。要保证反应能力的正确发挥，真诚是核心。如果偏离了主流的、大众的世界观和人生观，可能反应就会偏离轨道，显得格格不入。这并不是抹杀个性，个性是可以在大的共性基础上再丰富、细致地展现的。究竟以怎样的语言形式进行表述，选择怎样的色彩类型和分寸，这要有一定的交际能力和语言驾驭能力。表述出来的语言形式应该是切合语境、符合自己、适合对象，能获得良好的表达效果的。在理解之后的反应和表述中，思维的习惯突破很重要。

学习中，要注意培养这些方面的能力，要重视课堂教学的模拟交际状态，也要重视生活中的真实交际状态。在不同的语境中，通过听说、看说、想说以及文字表述练习，来培养锤炼自己的理解、反应和表述能力。

（三）有声语言表达能力

有了表述的语言依据，还需要将它有声外化。这个时候，有声语言的表达能力则比较集中地显现。有声语言表达能力主要包括以下几种能力：

一是对表达内容和对象的理解感受能力。无论是面对文字语言，还是面对有声语言，都要用自己的脑力理解，用自己的心力感受。由于各自的性格特征的差别，生活体验不同，思想认知的差异，对事物的理解、感受各有不同。有视角的差异，也有层次的高低。一般来说，对生活、对自然感悟力高的，有好的语感的人，对语言的含义理解感受也会更敏感，更富预感，更精确、细致，更深入。理解感受的是语言，更是对世事人情的通悟。

理解感受表达能力是语言交际能力的集中体现。理解和感受是将语气变化体现在声音形式上的基础。理解和感受又有所不同：分析明白了此时的思想情感，还要在心理动作和肌体运动上有所感受。否则，只能停留在光说不练的"说戏"阶段，表达起来很可能流于形式，出现不到位的表现形式。表达能力是在理解感受的基础上，用一定的声音形式表现出来。那么，对声音的各类表现形式与感情之间关系的熟悉要靠相关理论的指导，也要靠自己在实践中的磨合。抑扬顿挫、轻重缓急，是心灵的流露，也是对语言声音的驾驭。

二是及时调节能力。在语言有声化过程中，对于行止变化的语言，理解到其中的逻辑脉络，感受到其间的感情线索之后，在具体运用有声语言进行表达时，要表现出其中的辗转变化，必须要有及时的调节力。在表达之前和表达过程中间，运用好整体设计语言可以帮助提高及时调节能力。当然，调节还要落实到声音形式上。声音的塑形表义传情的能力不可缺。既要描摹出具体的情景、表述具体观点，又得胸有成竹，整体的轮廓、脉络、目的了然于心。既要关注自己表达的准确性、生动性，还要关注对象的反应，语言表达在语境中的得体性。在及时调节之中，保证整体的流畅感、和谐感。

三是声音的适应能力。声音训练中会对吐字发声进行一些理论提示和实践指导，例如呼吸、口腔喉部和共鸣的基本控制。但是声音的训练不是为了找到某一种脱离表达的固定形态，而是为了拓展发声能力，获得声音弹性，从而为表达提供充分的准备。

声音的控制和运用要适应不同的内容、不同的环境，不同的时空需求。声音的变化包括音高、音色、音强、音长的变化，包括轻重缓急、抑扬顿挫的变化。语气的变化是表达的核心手段，而这主要依赖于气息状态的变化，辅之以口腔等共鸣器官的变化。

(四)有声语言表达语感

语感,是指人们用于指导自己语言运用的天赋和能力。说天赋,是说它与生俱来。说能力,是说先天有基础后天还可以培养提升。语言研究者都很关注语感,但又觉得它很抽象、很玄妙,不好研究。

发音感主要是语用者对发音的控制感觉。包括声韵感、吐字感和调形感。也就是对声母、韵母的语音标准程度的控制,对字调、词调和语调的把握,还有对吐字的清晰度、灵活度的驾驭。

用声感,主要指运用声音来进行语言表达的综合控制才能。其中主要包括用气感、口腔控制感、喉部控制感和共鸣控制感。

语义感主要指有声语言表义的准确,包括运用得当的语言组织形式和停连重音等有声处理形式来准确表义。

语气感,是指因表达内容、对象语体和语境的不同而组织语言并且用有声形式塑形、表义、传情的具体能力。

语流感,主要指对语流从语言组织到有声表达的流畅感的驾控能力,包括语段语篇的结构、序列,还有有声化过程中的语调和节奏的把握。

创新感,语言表达的准确度固然重要,但新颖度也同样重要。用新颖的方式准确表达,那才是高层次的口语表达。这关系到表达效果的优劣,关系到社会上摒弃套话、空话,树立语言表达的新风气。

第二节 普通话水平测试评判与分析

一、普通话水平测试评判

(一)声调缺陷的定位

普通话水平测试对音节的评判分正确、错误和缺陷三种类型。发音符合普通话语音的定性描写、与普通话语音重合即为正确[1];如果将普通话的一个音位读成

---

[1] 田皓. 普通话与普通话水平测试研究[M]. 北京:中国广播电视出版社,2007.

了另一个音位，两个音位彼此构成对立，能够区别意义，则为错误；倘若发音处于正确与错误之间，即所发之音没有完全达到标准程度，与正确音相比，两者音质不同，但彼此不构成对立，不能区别意义，则为缺陷。对于缺陷的定位问题，人们给予声母和韵母以较多的关注，对声调则谈得较少。这一方面受长期左右语音教学的"声韵中心论"影响，一方面为过渡语声调的复杂性所牵绊，同时，语音的模糊性特点，也为这一问题的深入研究设置了障碍。然而，作为贯穿整个音节高低升降曲直长短变化形式的声调，在普通话语音系统中具有极其重要的作用，因此，对声调缺陷定位的研究既能帮助方言区人士学习普通话，更能规范普通话水平测试标准，具有极其重要的意义。

声调是非音质单位，又叫调位，主要由音高的不同变化构成。普通话的四个调位，由于音高的不同变化形式而形成特征分明的四种音高模式——调型，即一平、二升、三曲、四降，这也构成了普通话声调的主要特点。测试中，普通话四声调型发生错误，如将平调读成升调、降调或曲折调，视为声调错误；调型正确，调值未完全达到普通话语音的标准，如阴平发成44、阳平发成13等这种音高模式的细微差异，就是声调缺陷。这种由音高的细微差异形成的缺陷为音高缺陷。声调的发音除了与音高密切相关之外，还与一定的音长有关。普通话四声中，音长的时值也是有差异的，时值最长的是上声，其次是阳平，再次是阴平，最短的是去声。声调时值过短或过长造成的缺陷为音长缺陷。测试中声调缺陷的定位集中在音高和音长两个视点上。

1. 阴平调缺陷的定位

声调发音由调头、调身和调尾三部分音值合成。普通话中，阴平是高平调，调头、调身和调尾都是5度音值，调值始终保持高而平，发音过程中基本上没有升降的变化。

在普通话的一个词或词组中，各个音节都有固定的轻重音格式，双音节词的轻重音以"中·重"格式为主，如"波涛""年轻""教师"中的第二个音节重读。

定位阴平读音缺陷一是根据相对的调值音高来确定，即根据阳平调尾和去声调头调值音高的比较确定。普通话中，阴平调值是55，阳平调值是35，去声调值是51。也就是说，阴平字调值的高低与阳平字调尾和去声字调头的音高相同。因此，如果听感上阴平音高不是最高的，相对于阳平调尾或去声调头有一点儿低，但仍然是平调，则为缺陷。如果调值过低，听感上低于阳平的调头，为 22 或 11，虽为平调，未改变调型，也应该定位于错误，因为已完全改变了阴平"高"的特征。二是通过"阴平＋阴平"中两个音节音高之间的对照比较确定。两个阴平相连时，湖南方言一般将第二个阴平读得较低，这时可以将第一个音节作为参照对象，通过比照判断第二个音节声调是否为缺陷。三是根据阴平"平"的特点来确定。阴平的调头、调身和调尾均为 5 度音高，音高在整个音节发音过程中始终保持不变，如果发音过程中调尾出现对 5 度音高的明显偏离，调尾往下拐，即为尾音下降的缺陷。所以，阴平缺陷主要表现为音高缺陷，其定位原则为：调型未改变，调值是否偏离了阴平"高而平"的特点。

2. 阳平调缺陷的定位

普通话中，阳平是高升调，发音时，声带从不松不紧开始，逐渐绷紧，直到最紧为止，声音由不低不高升到最高，即由 3 度调头升到 5 度调尾。发音过程中声带不放松、调子高升是阳平的特点。

阳平调缺陷的定位应从三方面考虑。首先，依据阳平高升的特点，根据四声相对的调值音高判定调头和调尾是否到位，即以调值度差为依据。一是通过阴平音高或去声调头的音高比照确定阳平调尾是否达到 5 度，如果阳平调尾低于阴平音高或去声调头，则为缺陷；二是比照上声调头确定阳平调头，如果阳平调头等同或低于上声调头，则为缺陷。其次，依据阳平高升的特点，根据发音过程中声带是否放松，判定音高的变化形式。阳平发音过程中，声带越拉越紧，中间不能放松，如果发音过程中声带出现松紧相间，但松紧变化幅度不大，略有弯曲，出现尾音突然上拉（335 调值）、尾音下降（343 调值）或尾音下降后又上拉（3435 调值）等情况，音高曲线位于"高"区，未表现出低音特点，即视为缺陷；如果声带松紧变化幅度较大，且体现出低音特征，则应判定为错误。最后，依据阳平音长为次长的特征，以音值的长短判定。如果阳平音长长于上声或短于去声，则明显表现出音长缺陷，这种缺陷的定位主要通过四声音长的比较获得。

3. 上声调缺陷的定位

普通话上声发音时，由半低音先降到低音再升到半高音，即 2 度降到 1 度再升到 4 度，是先降后升的调子，调值为 214。发音过程中，声音主要表现在低音段 1—2 度之间，上升阶段相当地短促，这是上声的基本特征。语流中，上声由于受到后面一个音节声调调值的影响，调值往往发生变化。上声读实际调值214的情况极少，只有在单念、词语末尾或者是处于句子末尾并且是强调音节时，才读原调，因此，上声缺陷一般出现在上声音节单念和末尾音节为上声的多音节词语中。

上声调缺陷的定位，应从三方面加以比照。一是看发音过程中是否有上升的趋势。普通话上声是一个有降有升的曲折调型，虽然其上升的时值相当短促，但构成了上声的特点之一，当上声音节单念或处于多音节词末尾时，如果只是发成21或在11部分稍延长发成211，没有明显的回挑上扬，则为缺陷，这一点判断起来比较容易。但当上声处于句子末尾且为非重读音节时，读21或211应为正确。二是看发音的上升过程中，声带是否有放松、拉紧的变化。上声由1度升到4度是直上，声带越拉越紧，不能放松。如果放松，上升过程中调值就会出现曲折，表现出缺陷。这一缺陷听感上明显表现为在发4度后的"小尾巴"时，将声带放松或放松后再度拉紧，音节重音落在了"小尾巴"上，测试判定时应将听辨重点放在调尾。三是以阳平调头音高为参照，审定上声调头或调身音高，同时结合调头、调身和调尾之间的调值度差判断。上声的起音是2度，低于阳平的起音3度，若起音等同或高于阳平起音，则调头发音未到位，与此相应，调身也难以降低到1度，这样发出的音类似发音中段弯曲的阳平，虽然调尾达到了4度，由于调头和调身音高的偏离，仍属缺陷；上声前半部分的音高差是1度，后半部分的音高差是3度，上升过程中音高差十分明显，可以通过音高差的比较判定发音中段低音是否降到1度。四是看音长是否为四声中最长。上声发成21或211的缺陷，还明显表现为时值较短，一般短于阴平和阳平。而普通话四声中，上声音长最长，如果阴平、阳平音长为1拍的话，上声音长就接近1.5拍。这一缺陷的定位通常简便易行。

4. 去声调缺陷的定位

普通话的去声是个全降调，由最高音5度降到最低音1度，调值为51。

普通话测试中声调的定位要以音位特征为依据：读音超出音位特征，构成对立，为错误；读音属同一音位的音位变体为缺陷（上声[35]除外）。以时值与相对音高变化、四声比照相结合为原则：在测试开始时，测试员迅速找到应试人最高音和最低音，并给出5度音高的定位，判断音高是否到位；在阴、阳、上、去四声中，以一类声调的音长为基准，判断其他声调的时值是否正确。对处于二级甲等和一级乙等临界分数的应试人来说，是否存在声调缺陷和缺陷判断的正误，是极其重要的。

（二）普通话轻声词的规范与评判

1.普通话轻声词的规范

普通话轻声词大致可分为"有规律可循"和"无规律可循"两类。"有规律可循"的包括：助词"的、地、得、着、了、过"和语气词"吧、嘛、呢、啊"，叠音词和动词的重叠形式后头的字，构词用的虚语素"子、头"和表示群体的"们"，用在名词、代词后面表示方位的语素或词，用在动词、形容词后面表示趋向的词"来、去、起来、下去"，量词"个"等。这类轻声词既能反映北京语音特点，又有形式标记，其形式标记主要通过语法标记表现，一般是必读轻声词，易于理解和记忆。"无规律可循"的如"便宜、招呼、胳膊、窗户、风筝"等。普通话轻声词以双音节词为主，也包括一些三音节词，如"老爷子""胡萝卜"。《普通话水平测试大纲》（以下简称《大纲》）1252条轻声词中，带有明显轻声读音规律即有轻声标记628条，约占总数的50%，剩下的624条是"无规律可循"即无轻声标记的，这一部分是学习普通话的难点，是轻声词整理和规范的重点。

普通话有些轻声音节具有区别意义和区分词性的作用。如"包裹、布置"重读为动词，读轻声为名词；"特务"读原调指军队中担任警卫、通信、运输等特殊任务的（人或团体），读轻声指经过特殊训练，从事刺探情报、颠覆、破坏等活动的人。轻声的来源与汉语双音节化有着密切的关联，发音的生理特征对字音轻读也有一定的影响。普通话轻声的存在，使人的发音器官有了较多的间歇机会，人们发音时一方面多用力，另一方面省点儿力，使语流有了轻重交替，产生节奏，这种节奏使语言更加生动活泼，富于弹性，增强了表现力。因此，普通话轻声有存在的必要。但是轻声词主要来自北方人口头语言中比较活跃的词语，其他方言中包含轻声的不多，会说轻声的人数有限；轻声又是一个不稳定的语音，其区别词义和词性的作用极其有限；轻声不是一个独立的语言单位，读轻声的字作为个别单位一般都有自身本来的声调。因此，轻声在汉语中不是绝对的，是相对的，轻声词的规范应本着从众、从俗、从简和合理的原则进行，选择那些为人们所熟悉并普遍使用、能适应人们交际需要的轻声词，淘汰那些使用频率极低、人们不太熟悉的轻声词，一定范围内允许某些词轻重两读现象的存在，降低学习难度，减少记忆负担。所以，轻声词规范的总趋势应该是：必读轻声的词语总数减少，可轻可不轻的词语总数增加。

第一，对"类词缀"轻声与非轻声读音进行归类，增强其类推性。普通话有些双音节轻声词，往往是由一个相同语素作为轻声音节构成一组轻声词，这个做轻声的语素的词汇意义一般已经不同程度地虚化，产生涵盖一类事物的"类化意义"，且像词缀那样具有构词率高或能标识词的语法功能等特点，这类语素有的语言学者称为"实义后缀"。如"长处、好处、害处、益处、坏处、用处、错处、苦处、难处"等词的"处"读轻声，"处"已不表示非常具体的地方，只表虚化了的某个地方，称"处"为"类词缀"。

第二，缩小不具有区别意义作用、《现代汉语词典》（以下简称《词典》）和《大纲》注音不一致、北京人读轻声而其他方言很少读轻声的词。《词典》和《大纲》在这些词的轻声与非轻声读音上的差异主要体现在以下几点：

（1）《词典》注音为一般轻读或重读的音节，《大纲》注音为原调。如"白天、抱怨、报复、肮脏、报应、变通、别致、诚实、出来、出去、粗鲁、撮弄、当铺、额头、分量、夫人、父亲、饭量、感激、工人、功劳、公平、固执、过来、汩水、勾当、估量、管家、喉咙、胡同、慌张、活动、伙食、憨厚、衡量、滑稽、恍惚、灵魂、机会、机器、家具、忌讳、见得、拘泥、军师、看法、看见、看望、孔雀、开销、老人、老鼠、理事、伶俐、肋条、零散、毛病、迷惑、埋伏、茉莉、佩服、碰见、轻巧、情分、手巾、舒展、似乎、孙女、烧纸、势头、提拔、体谅、替换、调和、听见、调理、调停、挑唆、贴补、通融、透亮、蜈蚣、响声、小心、新鲜、心事、性情、妖怪、摇晃、夜间、意见、意识、因为、愿意、约会、严紧、腰身、姨娘、樱桃、玉石、鸳鸯、匀称、匀整、糟蹋、支撑、主人、资格、站住、折扣、阵势、侄女、置换、志向、妯娌、酌量、做派"等。

（2）《词典》注音为一般轻读或重读的音节，《大纲》注音为轻声。如"鹌鹑、玻璃、本钱、苧苧、残疾、成分、聪明、褡裢、打磨、得罪、哆嗦、掂量、翻腾、风水、斧头、关系、干系、蛤蜊、横竖、馄饨、缰绳、客人、会计、苦头、逻辑、拉拢、摸索、内人、泥鳅、葡萄、劈柴、拳头、敲打、商量、神气、神仙、算盘、体面、痛快、徒弟、挑剔、小姐、折磨、知道、志气、周到、症候、周正"等。

45

（3）《词典》注音为轻声，《大纲》注音为原调。如"保人、比试、标致、尺寸、撮合、打算、道理、滴水、分寸、格式、恭维、祸害、教训、娇贵、口音、牢骚、力量、拉手、露水、哪里、配合、扒犁、盘费、陪送、飘洒、铺衬、前边、亲事、染坊、揉搓、晌午、生日、丧气、试探、寿星、松散、跳蚤、外面、挖苦、喜鹊、想法、指望、嘱咐、左边、座位、造作、证人、至诚、罪过、作料"等。

（4）《词典》注音为原调，《大纲》注音为轻声。如"北边、船家、底细、负隅、怀抱、近视"等。

以上分歧表明，这些词在人们的口语中读音是不完全一致的。随着语音的发展，原来一些读轻声的词有轻重两读或非轻声化趋势。这是因为语言总是处于动态的发展之中，"在复合词里，有些语素因为不单用，意义弱化，导致字调容易流动"。字调流动的一个主要表现是，具有几个字调的汉字，其常用的字调逐步淘汰了不常用字调，即常用读音对罕用读音进行同化。汉语的音节都有声调，轻声字大多有非轻声的读音，这种非轻声读音在识字教学中往往被强调，对轻声读音产生一定的影响。近些年来，轻声不明显或没有轻声的方言，对普通话的基础语音也产生了一定的影响，所以普通话轻声词的规范，应体现语言的实际，符合语言的客观发展规律，像以上权威工具书注音不一致的词，应允许轻重两读，不必强求一律读轻声，以减轻方言区人士学习普通话的负担。

第四，重视普通话语音的发展，尊重语言实际，允许某些词的实际读音与规范不一致现象的存在。确定语言规范的标准，从理论上讲，自始至终应该是一个进行学术论证和体现学术价值的过程。执行规范标准，从一定意义上说，也应该是一个学术实践和学术认同的过程。但随着语言的不断发展，语言规范的标准，不完全等同和符合语言使用的情况。这一方面说明语言是不断发展的，另一方面说明实际语音里存在灵活性。因此，普通话轻声词的规范，要注意协调好与语言使用实际的关系，使规范不至于取消使用的多样化。

2. 普通话水平测试中的轻声评判

轻声是普通话主要语流音变现象之一。普通话水平测试的五项内容中，除"读单音节字词"不存在轻声考查外，其余四个测试项都不同程度地考察应试人对轻声的掌握情况。但是，普通话轻声本身还存在规范问题，轻声词的范畴缺乏明确的界定，测试员难以把握；轻声是超音段音位，音高、音色等的变化不稳定，读音难以把握，方言区的人尤其容易出错，且《大纲》对读音正误的解说缺乏直接性，测试员对读音正误的定性难以把握；"朗读短文""命题说话"中轻声读音错误的扣分归属问题，《大纲》亦没有正面表述，测试员操作时难免出现分歧。以上诸多因素的存在，不仅给测试员的评分操作带来了一定的难度，也不可避免地导致评判中的随意性，造成对同一测试对象的评分差异，严重的还可能出现跨等跨级的差异。因此，对普通话水平测试中的轻声评判问题进行探讨十分必要。

（1）轻声词范畴的把握

①工具书、教科书观点一致的轻声音节

主要有助词"的、地、得、着、了、过"，语气词"啊、吧、吗、呢"，表虚语素的"子、头"及词的后缀"们"，叠音词、单音动词重形式后面的字。

②工具书、教科书观点有分歧的轻声音节

表方位的语素或词的读音。例如：边，《词典》轻声释义"方位词后缀"，举例"前边、里边、东边、左边"。但条目"北边"的"边"为阴平。《正词法》中的"这边"的"边"为阴平。《纲要》中，方位词后缀"边"一般轻读或重读，如"东边、南边、北边、上边、下边、里边、外边、右边、后边、左边、前边"。

"一、不"的读音。《词典》"一"阴平释义"用在重叠的动词（多为单音）中间"，如"歇一歇、笑一笑"等。"不"去声释义"用在动补结构中间，表示不可能达到某种结果"，举例"拿不动、做不好、装不下"。《词典》认为，"'一、不'嵌在相同的动词的中间或肯定否定连用时，变轻声"。举例"想一想、开不开"等。《纲要》认为："'一'嵌在重叠式的动词之间，'不'夹在动词或形容词之间，夹在动词和补语之间都轻读，属于'次轻音'。例如：听一听、写一写、看一看、穿不穿、谈不谈、买不买、去不去、会不会、缺不缺、红不红、好不好、大不大、看不清、起不来、拿不动、打不开。由于'次轻音'的声调仍依稀可见，当'一'和'不'夹在两个音节中间时，不是因前一个音节变为轻声的调值，而是当音量稍有加强，就依后一个音节产生变调。"

量词"个"的读音。《词典》"个"去声释义"量词"，举例"三个、一个、见个面儿、吃个饱"等，但条目"这个、那个、哪个"的"个"为轻声。《词典》轻声举例"这个、五个"。《汉语拼音正词法》量词"个"的读音有两种："各个、十几个人"中的"个"为去声，"这个"的"个"为轻声。《纲要》词条"这个"

的"个"为轻声。

重叠动词"ABAB"式中"B"的读音。《词典》认为"B"均读轻声。如"了解了解、表演表演、商量商量"等。《汉语拼音正词法》中"研究研究、尝试尝试"的"究"和"试"均为原调。

趋向动词的读音。《词典》认为,用在动词、形容词后面表示趋向的词"来去、起来、下去"等,通常读轻声。举例"送来、进来、起来、过去、出去、上去、看起来、说出来、夺回来、冷下去、跑过去"。《纲要》词条"起来、进来、过来、进去、过去"的"来""去"为一般轻读或重读。《词典》认为,用在动词、形容词后做补语的趋向动词,出现的语言环境不同,其读音有轻重的变化。

一部分双音节词语中第二个音节的读音。普通话中,一部分双音节词语第二个音节的读音,《词典》和《纲要》注音不一致,主要表现在:第一,《词典》注音为一般轻读或重读的音节,《纲要》注音为原调,如"看法"。第二,《词典》注音为一般轻读或重读的音节,《纲要》注音为轻声,如"商量"。第三,《词典》注音为轻声,《纲要》注音为原调,如"分配、教训"。第四,《词典》注音为轻声,《纲要》注音为一般轻读或重读,如"尺寸、道理、分寸"。第五,《词典》注音为原调,《纲要》注音为一般轻读或重读,如"北边"。

普通话里,有些语素通常情况下是念轻声的,学术界对此观点一致,测试员比较好把握,可以迅速、果断地评判。但是有的轻声词还不十分稳定,词的轻读与否,还存在一定的分歧,规定不念轻声或只念轻声,都不尽符合语言实际。既然轻声词范围界定还不规范,测试员就必须全面了解关于轻声词的各家之说,对轻读或读原调两可的词,注音有分歧的词,应试人轻读与否都应视为正确,不可主观臆断。

3. 轻声读音正误评判

说话时,人们把某些音节发得较慢、较重、较清楚,某些音节则较快、较轻、较含糊,使语流产生一种轻重交替。轻声的语音特征有时也表现为音色的变化,但主要表现为音高、音长或音强的变化。其中音高和音长是构成轻声音节特征的主要因素。从音长上看,轻声音节一般短于甚至大大短于正常重读音节的长度。从音高上看,轻声音节因受前一个字声调的影响,失去原有声调的调值,变成特有的音高形式,形成轻声调值。一般来说,在阴平、阳平、去声字后面的轻声音节的调型是短促的低降调，在上声字后面的轻声音节的调型是短促的半高平调。

从音位学的观点来看，标准音是一个"区"，而不是一个"点"，当然，这个"区"比缺陷区要小得多，就是说，标准音并不是唯一的一个音，而是一个非常接近的音群。但是，由于不少方言没有轻声，或轻声读音与普通话不一样，测试中常出现语音错误或缺陷。所谓语音错误，是指"普通话语音（音位）系统中，把一个音（音位）误读作另一个音（音位），即把甲读作乙"。测试中常见的轻声读音错误主要有：

（1）违背轻声音节常见声母和韵母音色的变化规律，将声母或韵母读成普通话的另一个音。

（2）工具书、教科书和《纲要》注音均为轻声，而没有读作轻声。

（3）工具书、教科书和《纲要》没有注音为轻声的词语（实际口语的轻重音也不能读作"重·次轻"格式的）读作轻声。

但是，对于工具书、教科书注音不一致的所谓轻声词，对于工具书、教科书虽然没有注明为轻声，但普通话口语中轻重音格式可以读作"重·次轻"的词语，测试中应试人无论是否轻读，都不以错误论。

语音缺陷是音节读音正误之间的一种中间状态。《大纲》未提及轻声读音缺陷的评判问题，但在具体测试中，发现不少方言区人的轻声读音存在明显的缺陷，尤其是在读双音节词语时，归纳起来主要有以下两种：

（1）违背轻声音节常见声母音色变化规律，把轻声音节声母读成处于方言和普通话之间的过渡音。

（2）原音节调型依稀可辨，或音高明显违背轻声音高模式。例如，"舒服"的"服"，依稀可听出其高升调的调型，或阴平、阳平、去声后的轻声音高读成短促的半高平调，上声后的轻声音高读成短促的低降调。

轻声读音错误和缺陷类型的归纳往往是简单化的，但应试人发出的音却具有多样性，尤其是读音缺陷。普通话以北京语音为标准音，这个标准音理论上是存在的，实际中却难以确定。测试的标准是统一的，测试过程中正确答案的选择只有一种可能性，但是，测试员对"统一标准"不能做形而上的理解，要在尊重语言发展客观规律的基础上，在有利于实现"大力推广，积极普及，逐步提高"的新时期"推普"方针的基础上，灵活把握。因此，轻声读音错误或缺陷的评判，应充分体现普通话水平测试刚性与柔性相结合的原则，其原则主要表现在以下三点：

第一，读音错误和缺陷的判定，各个级别内部应相同，各个级别之间应略有区别，且随着语音级别的降低，要求也相应放宽。因为同一级的语音状况代表的是同一个层次的普通话，或为标准级，或为相对标准级，或为初级，如果同一级（等）内部评判要求差异太大，就不能保证三级六等各自的基本特征。但是，如果不管哪一级都用一级甲等的标准去要求未免显得机械，会使一些本来可以达标的应试人无法达标，同样也背离了三级六等的标准。所以，原则上一级要严，三级可稍宽。这既执行了全国统一的标准，又面对实际，承认差别，总体上有利于普通话的推广和普及。

第二，测试对象不同，评判应略有区别，尤其是缺陷的评判。按照三部委文件的规定，目前应该接受普通话水平测试的人员，可分为艺术语言行业和非艺术语言行业两大类。师范院校普通话语音专职教师和艺术语言行业人员的普通话水平应达到一级乙等及其以上水平。对于这部分应试人，读音缺陷的判定应从严，因为他们的普通话语音对全社会有着示范和导向作用，常常被人们作为模仿的楷模和标准。对非艺术语言行业的应试人，读音缺陷的判定可适当放宽，因为这些人学习普通话主要是为了交际，使普通话成为工作语言、交际语言和通用语言。在轻声读音失误的评判上，与其一刀切，整齐划一地从严，还不如适当放宽标准，承认发音正误的过渡状态和中间状态，调动其学习积极性，使普通话在普及的基础上逐步规范，在规范的同时促进普及。

第三，不同语音层次，评判应略有不同。"读多音节词语"中的读音要求要高于语流中的读音要求，也就是说，"读多音节词语"中评判要严，"朗读短文"和"命题说话"中可适当从宽。因为"读多音节词语"属于词语独立发音，考查应试人对语音体系各个成分掌握的真实情况，强调发音的准确、清晰、到位；"朗读短文"和"命题说话"属于语流语音，侧重考查普通话的运用水平以及规范程度。语音实验证明，三字组与两字组轻声音高的变化并非绝对一致，处于三字组中的轻声的音高比处于两字组中的要高，语流中，加上说读时感情色彩、语气的运用等原因，轻声的语音特征如音高、音长等的变化就更加复杂，倘若用两字组中轻声的标准去审查，显然是不够合理科学的，有时说不定会把一篇语感较好的作品或一段表达自然生动的话语评判出许多"缺陷"乃至"错误",使语音面貌与分值脱节,陷入评分的误区。总之,测试员在审音过程中,不能把音节正误的标准理解为超越等级、超越不同个体和语音层次的绝对标准,要把握好轻声读音"正确—缺陷—错误"之间的界限,做到迅速感知,正确判断,准确定位,公正评判。

(三)普通话测试中的词汇语法评定

普通话包括语音、词汇和语法三部分。语音是普通话水平测试的重点,覆盖测试的五项内容,词汇、语法是普通话的重要组成部分,比较而言,方言与普通话词汇、语法方面的差异小于语音方面的差异,学习的难度也相应要低。普通话水平测试只有"选择判断"和"命题说话"涉及词汇和语法的考查,分值为15分,占总成绩的15%。这一分值比例既很好地突出了普通话语音学习的重点和难点,又充分地体现了词汇、语法学习的重要性,较好地反映了学习普通话的真实情况和推广普通话的着重点。

选择判断题包括三项内容:第一项是词语判断,要求应试人从试卷上列举的10组词语中判断并读出每组中的一个普通话词语,用以测查应试人掌握普通话词语的规范程度;第二项是量词与名词的搭配,要求应试人将试卷上列举的10个名词和若干量词搭配后,读出符合普通话规范的10组名词短语和量词短语,用以测查应试人掌握普通话量词与名词搭配的规范程度;第三项是语序和表达形式判断,要求从试卷列举的5组普通话和方言意义相对应,但语序或表达习惯不同的短语或短句中,判断并读出符合普通话语法规范的表达形式,用以测查应试人掌握普通话语法的规范程度。这三项测试内容都是在已知条件下进行选择判断,有可供选择的标准答案,测试员评判便利快捷而准确。但是,"命题说话"中的词汇语法现象是隐含于应试人的口语表达之中的,是否正确还需要测试员快速而准确地判断。所以,词汇语法评判问题主要是针对"命题说话"而言的。

命题说话对词汇、语法的考核是检验其规范程度,这种规范就是作为标准参照性考试的普通话水平测试的标准和尺度。普通话词汇、语法的规范并不像语音规范那样明确、清晰,而是呈现出一定的模糊性。这种规范尺度的模糊性,造成了测试员评判的难度,是测试表现出或宽或严等不当评判的原因之一。为了提高评判的科学性和准确性,减少测评误差,词汇、语法的评判应坚持以下原则:

1. 严格评判典型的方言词语和方言语法

语言规范是对作为交际工具的语言的最一般的抽象和概括，是使语言保持自身社会属性、民族属性的一种手段。语言规范能维持、巩固和发展汉语，具有支柱功能；能作为评价某个人言语对或错的标准，具有评价标准的功能；能告诉人们什么情景下应该怎样说或写，不应该怎样说或写，以指导人们按规范行动，具有行为导向功能。普通话以"典范的现代白话文著作为语法规范"，也就是说，典范的现代白话文著作中的一般用例是普通话的语法规范。语言规范在一定程度上是人力对语言发展变化的干预，从社会角度看，这种干预是必要的。虽然语言的规范来自言语实践，言语实践又是不断发展变化的，但不管哪种语言，要健康合理地发展，总有一些从实践中演绎抽象出的一般要素，这些要素形成该语言与其他语言的根本差异，构成自身的特质。普通话是中华民族的通用语言，与通用语言相对的是方言，方言只是局部地区的人们使用，带有明显的地域性特征。普通话规范的建立，一方面有利于保护普通话的纯洁性，使普通话朝着健康的方向发展。俗话说，"没有规矩，不成方圆"。这"规矩"就是一定的规范，一定的制约。规范使普通话具有了区别方言的特性，避免了语言使用中的随意性和非科学性。另一方面，规范有利于指导语言实践，尤其是指导方言区人士学习普通话，匡正谬误。由于普通话和方言在词汇、语法方面的差异不像语音那么明显，而是比较隐晦，长期生活在方言区的人们，对普通话和方言的词汇、语法把握比较模糊，规范的推行和实施，增强了人们的理性认识和感性认识，有利于人们正确掌握普通话。

在"命题说话"中，不符合普通话规范的词汇、语法现象主要有两类。一类是使用流传范围比较狭小的方言词和典型的方言句式。普通话词语与方言的大部分相同，如"水、天、人、建设、科学、社会主义"等，但也有一些词语在词形和词义上存在一些差异。如普通话的"麦子、石灰"，苏州话为"麦、灰"，普通话的"蜘蛛、中间"，长沙话为"蜘蛛子、中间子"，普通话的"茶缸、近视眼、手腕"，贵阳话为"钟钟、秋秋眼、手颈颈"，这些差异表现为音节数量的不同、叠音与非叠音的区别等方面；普通话的"手"指拿东西的上肢末端部分，广州话的"手"指上肢；普通话的"肥"指动物体内脂肪多，厦门话的"肥"还指人体内脂肪多，这些差异表现为词汇意义的差别。普通话与方言语法基本相同，都有重叠、附加等构词形态，其语序多为主语在前，谓语在后，但仔细辨别，它们又存在一些明显的差异。如表动作完成的动态助词，普通话用"了"，四川话用"倒"，上海话用"勒"，苏州话用"脱"，湘方言双峰话用"解"，武汉话用"哒"；普通话说"一个人"，陕南方言说"一块人"，湘方言说"一条人"，客家话说"一只人"，量词与名词的搭配完全不同；普通话说："你去不去学校？"广州话说："你去学校唔去？"普通话说："你看戏吗？"厦门话说："汝有看戏无？"表疑问的句式不一样。正是这些或隐或显的差异，构成了普通话与方言在词汇、语法方面的本质区别，所以，"命题说话"中典型的方言词汇和方言语法都是不符合普通话规范的，应严格按照出现次数的多少酌量扣分，充分体现普通话水平测试评判的刚性原则。

一类是使用公认的无争议的病句。汉语语法虽然会随着语言的发展产生一些变化，但总体上说具有稳固性，很多语法手段和语法格式历经千百年而不变，如语序和虚词用作重要的语法手段，主语在前，谓语在后，修饰语在中心语之前等语序，从古到今都是如此。如果对汉语的语法现象进行改变，就有可能产生病句。

这类不规范语法现象出现的原因既与一个人语言规范程度的高低有关，也与其文化程度的高低有关。一个文化积淀深厚的人，其语言能力和水平相应会高一些，出现这种知识性错误的概率也较低；一个文化程度较低的人，出现这种因文化知识而导致的错误就在所难免了。所以，对于"命题说话"中出现的这类无争议的病句，不赞成一刀切，每错必究，而是可以采取评判的柔性原则，因对象而定，因出现次数的多少而定。因为普通话水平测试虽然不可避免地涉及文化的考核，但毕竟不是主要目的，其主要目的是检测应试人的普通话水平。所以，对一般的应试人来说，因知识不足产生的语法错误可以从宽对待，视轻重程度不扣分或扣分；对以语言为职业的播音员、演员、汉语教师则应从严，按出现次数计算，严格按评分标准扣分。因为这些职业的人员是语言规范的宣传者，他们具有向广大民众示范的作用，从严评判有利于促进其规范意识和规范程度，有利于普通话的推广与普及。

2. 坚持动态对待有争议的词语和语法现象

语言是在不断地突破中寻求发展的。语言的发展就是规范不断重建又不断突破的历史。语言规范虽然有纯洁语言的作用，但同时也具有一定的历史惰性，需要不断变革、更新和发展。语言的演变不是新形式替代旧形式的简单过程，常常是新旧两种形式共存，人们接受新形式有一个时间和数量积累的过程，在这个过程中，不能武断地否认新形式，不能采取人为的方法要看词语自身的生存能力。语法变化的速度虽然缓慢，但并不是一成不变的。语言的发展是绝对的，规范是相对的，一定时期的语言规范只能为特定时期的社会大众所接受、认同，一个时期是不规范的词语、语法，另一个时期可能是规范的，规范与发展是一个矛盾统一体。因此，对一些新出现的词语和语法现象，应持谨慎态度，测试评判时不可武断以错误论处。

3. 坚持实用灵活对待特殊的口语句式

语言是人们交际的工具，其目的是表达思想，交流感情。汉语口语语体有着自身的特点，就字、词方面而言，大量运用生动活泼、通俗易懂的口语词，较多使用表现日常生活、具有实体意义的词语，较少使用表现抽象意义的词语；就句子而言，大量使用短句子、省略句和重复句，词序比较灵活，经常出现一些易位现象，形成倒装。对于口语表达中的特殊句式，普通话水平测试评判应尊重口语特点，坚持实用有效原则，在不出现语法错误和歧义的情况下，承认其规范。普通话水平测试中应灵活对待的特殊口语句式主要有倒装句和省略句。

二、普通话水平测试分析

（一）普通话水平测试中字词误读现象探析

普通话水平测试中的字词误读，主要出现在"读单音节字词""读多音节词语"和"朗读短文"三项内容中。对字词误读现象进行探讨，可以帮助学生在考试时减少错误，提高成绩。

1. 字词误读原因分析

字词误读现象的产生，是有多方面原因的。从客观上说，大量形似字的存在为误读提供了可能；以单字形式出现的字词，缺乏必要的语境，人们无法从其他相关的汉字或词语中获取更多的信息，单字投射到大脑中的影像孤立，形成的感知印象不深，有时反复辨认，反而会使已形成的神经联系、感知印象发生位移，产生错觉，导致误读。但是，客观因素的影响对任何应试人都是均等的，导致的

不良效果也应是基本一致的,根本原因还得从主观上去寻找。误读的主要原因有以下几点:

第一,认识上存在误区。误区之一是对普通话水平测试缺乏正确的认识。存在这种认识偏差的群体一般是农村中小学教师尤其是中年教师。一方面,他们认为进行普通话水平测试和以往推进普通话一样,心存侥幸;另一方面,有的地方由于持证上岗制度还未真正实施,测试成绩不合格,对上岗和晋职没有多少影响,使得个别人缺乏现实动力和紧迫感,他们参加学习和测试不过是为了取得一纸作用不大的等级证书,滋生了随便应付的心理。误区之二是对自身普通话水平缺乏明确认识。存在这种认识偏差的群体一般是在校学生和参加工作不久的年轻人。他们中的一部分人对自己的普通话水平估计过高,认为即使不认真复习和精心准备也可轻松达标,自满情绪浓厚;另一部分人则估计过低,认为自己方言浓重,普通话基础差,学习起来困难重重,恐怕一时半月难有大的进步,所从事的工作又不是中文,普通话不必精雕细镂,自卑心理严重。如此种种思想上的轻视,必然导致平时疏于学习,不注重严格训练,测试时草率应付,出现误读。

第二,母语方言负迁移的影响。应用语言学认为,一个人的语言学习可分为第一语言的学习(母语学习)和第二语言的学习(简称二语习得),前者一般是在幼儿时期开始的,是在幼儿获得其他知识的同时进行的,后者则"一般都是开始于较后阶段,开始于语言运用定型、身心成熟的其他许多过程已经完成或趋向完成的时候",一般需要专门学习和接受训练。二语习得中普遍存在着母语迁移现象。母语迁移分正迁移和负迁移。正迁移又称为促进,当母语的某些特征与目的语相类似或完全一致时产生正迁移。负迁移又叫干扰,当母语或已获得的其他语言知识与目的语的某些特点不同时,学习者用这些语言知识的语言规则代替目的语的语言规则,产生负迁移,形成语言错误。方言区人大多数都是以自己所在地方言作为"第一语言",与母语语音系统相去甚远的普通话一般都是作为"第二语言"通过学校教育途径来掌握的,从年龄上说,他们都已过了语言临界期,语音运用已基本定型。在这种情况下学习普通话语音系统,就会不可避免地受到母语方言的干扰,产生负迁移。当然,母语方言的负迁移可能会随着二语习得的不断进步而弱化乃至消失,但问题是,目前各地的测前培训并未为负迁移的消失提供足够的条件。这主要表现为培训班学员多,所操方言差异大,教学往往顾此失彼，难以全面兼顾，个别辅导少，缺乏一定的针对性和实践指导性；培训时间短（多为十天半月），学员需要记忆的内容多，训练时间有限，难以按质按量完成相应学习任务。如此种种，母语方言负迁移得以滋生的土壤不能铲除，方言影响导致的误读就难以根除，这也是产生误读的主要原因。

第三，语文基本功不扎实，识字量少。普通话水平测试除"命题说话"无文字凭借外，其余各项均有文字为依托，且全部出自《普通话水平测试实施纲要》（以下简称《纲要》）。"读单音节字词"和"读多音节词语"中的字词均为《纲要》表一和表二列出的词条，表一和表二的字又多属7000个通用字之列，生僻字极少。但误读情况分析表明，不少误读的字是次常用字乃至常用字，应试人语文基本功之匮乏、识字量之少达到令人痛心的地步，难怪有的测试员不无伤心地发出"推广普通话，有的人得从识字开始"的无奈感叹。在今天的知识时代，这种忽视基础、不愿埋头学习的浮华之风不能不引起有关部门和应试人员的足够重视。

第四，心理素质差。对一般人来说，考试是司空见惯的，人们对独自埋头答题的笔试形式十分熟悉，大多能坦然面对。但普通话水平测试采取的是口试的形式，一部分人缺乏应试经验，对要面对2—3名测试员答题的口试难以适应，心理压力大，往往产生紧张、焦虑等心理，使生理和心理出现反常——身体发抖、声音发颤、心跳加速、心慌意乱、思维僵滞乃至停顿，无法像平时那样感知试题要求及考场指令。

2. 减少字词误读的对策

（1）明确认识，端正态度，提高语文素养。普通话水平测试是我国新时期推广普通话工作适时采取的一项重大举措，它的诞生和推行，标志着我国推广普及普通话工作逐步走上制度化、规范化和科学化的新阶段。随着我国经济的飞速发展，人们的交往日益频繁，电子计算机技术的不断推广和应用，迫切需要我国人民掌握国家通用语言以适应科技不断发展的要求。然而，我国幅员辽阔，方言分歧严重，显著的方言差异，严重妨碍着不同方言区人们的交往，妨碍着信息科学技术的研制和普及。为了全面贯彻新时期"大力推行，积极普及，逐步提高"的推普方针，为了推动各民族、各地区之间的经济文化交流，促进民族团结，国家提出首先在广电系统、教育系统开展普通话水平测试，目前，公务员普通话水平测试工作也已启动。这表明，国家推广普通话的决心是大的，普通话水平测试将会长期开展下去。开展普通话水平测试,大而言之,可以提高全社会普通话水平,加快现代汉语规范化进程;小而言之,能说一口标准流利的普通话也是提高个体素质、增强文化底蕴的有效手段。这是必须清醒认识到的。因此,普通话起点高的应试人,不应仅仅满足于达标的要求,而应该充分利用这一优势在相对高的起点上对自己提出更严的要求,更高的标准;普通话起点低的应试人,要变压力为动力,奋起直追,达到理想的等级。普通话水平测试测查的是应试人的语言运用能力,侧重在语言形式的规范程度。尽管测试的目的不在考查应试人员的文化知识水平,但不可否认,它跟文化知识水平尤其是语文素养有着不可分割的关系。语文素养是指个体在语文知识方面具有的修养,包括语言文字修养和文学修养等多种因素。语文修养中与测试误读关系最密切,主要是识字量的多少和知识面的宽窄。因此,要减少误读,应着重从以下两个方面提高语文素养。一是注重积累,扩大识字量。平时养成将字音与字形结合起来,口眼一致的好习惯,多听、多看、多查,掌握常见字的读音;将容易读错的字进行归纳分类,提高发音准确率,减少学习的盲目性;对于多音字结合意义记读音,避免机械记忆引起的遗忘。二是丰富语言学常识。掌握一些普通话语音的理论知识,包括汉语语音发展的大致线索和历史音变规律,防止出现以古律今导致的误读。

(2)针对方言特点强化语音训练

由于误读的一部分是方言因素的影响产生的,因此,减少误读的策略中,针对方言特点,强化语音训练显得尤其重要。所谓"强化语音训练"不是指一味地死记硬背,花大力气在一个个字音的记忆上,而是指以普通话语音为参照,从声、韵、调及语流音变等方面入手,全面规范和纠正语音中的偏离现象。要做到这一点,必须把握以下三个原则:一是以理论为先导的原则。语音训练主要是口耳的操作实践,但要真正准确迅速地掌握标准的普通话,理论指导是关键。所以对于非中文专业的学生和非语文教师来说,理论学习即使枯燥也不可或缺,这是提高学习效率的有效途径之一。二是将方言与普通话对比学习的原则。即应试人既要了解普通话语音体系,也要了解自己所说方言的语音体系,还要善于将二者进行对比,找出其相似点和不同处,然后寻找适当的办法加以解决。对方言区的人来说,了解普通话语音体系做起来相对容易些,可以从教材上了解,而方言的语音体系,多半没有现成的材料,需要应试人做有心人去发现总结,所以更难、更重要也更迫切。这也给普通话测前培训提出了一个要求：结合方言，探求方言与普通话的对应规律，以语义为参照，尽量使方言的语音差异部分模式化，并在相同的语义背景下，从普通话中寻找对应，一方面引导母语方言向目的语——普通话正迁移；另一方面，有效防止负迁移的产生。三是强化训练原则。从《纲要》有关材料中找出可能产生误读的字词，进行分类。如"形体相似的字词""意义相近读音不同的字词""有异读的字词""多音多义字"等。通过归纳和反复识记，强化其感知印象。

（3）提高心理素质，克服紧张情绪

考试学认为，一个成功的应试者除应具备一定的智能水平和知识水平，良好的生理状况外，还应当具有稳定的专项心理素质。心理素质的稳定与否是影响考试活动能否顺利进行和能否取得良好成绩的重要因素。一般而言，心理素质好的人，测试时沉着、冷静，稳而不乱，能考出好成绩，甚至能促使自己超常发挥；心理素质较差的人，测试时不免产生紧张乃至焦虑等不良心理，影响测试效果。应试人的心理状态是考试所必需的最重要的心理功能的综合表现，它在很大程度上取决于应试者心理的自我调节与控制。因此，要减少误读，应试人有必要加强心理素质的训练。首先，正确对待临考时的紧张。紧张是人们在新的环境中出现的一种正常的心理和生理反应，是人的感觉器官适应新的客观环境所做的准备活动。适度的紧张会使注意力更加集中、知觉更加敏锐、思维更加灵活、反应更加敏捷，过度的紧张则会妨碍思维的正常活动、妨碍言语的表达。因此，当紧张情绪产生后，应试人要学会采用自我暗示、深呼吸和默数数字等方法进行调节，争取在极短的时间内缓解紧张程度。其次，把心理学的有关内容融入语言训练的各个环节中去，争取多讲多练，尽可能地在大庭广众下落落大方地进行普通话表达。再次，有目的地进行模拟测试。这一方面可以熟悉测试内容、测试环节，把握好节奏；另一方面也可以为正式测试提供一个虚拟的紧张场面，缓解测试时的紧张度。此外，了解测试程序，熟悉考场环境也可适当消除紧张心理。总之，测试时沉着、冷静，保持平常心态，就可以减少不应该出现的误读。当然，紧张情绪最终要依靠扎实的基本功和充分的自信方可消除。

（二）普通话水平测试心理调节

普通话水平测试是一种特殊的考试，其特殊性不仅表现在应试人员的广泛性上，还表现在口语测试的考试形式上。与其他考试相比，考生更容易不同程度地产生焦急和紧张等焦虑心理。所谓焦虑，是指"个体对于面临的某种情境，或将要面临的情境可能出现麻烦，预期目标可能招致失败的担心"。心理学研究表明：考试焦虑的作用具有双重性，既有积极的一面也有消极的一面，焦虑程度与人的学习和工作效率、解决问题的效率有密切的关系。一般来说，正常的焦虑只是轻度的紧张，类似一种恰到好处的兴奋剂，有利于思维敏捷、行为理智，是测试的宝贵动力。过弱的焦虑不能充分调动学习积极性，影响能力的发挥，降低学习效率；过强的焦虑容易使人处于高度紧张状态，妨碍知识和能力的发挥，对健康产生一定的负面影响。可以说，考试中出现焦虑现象是难免的，问题在于有的应试人善于进行心理调节，使之成为学习的动力，从而在测试中正常发挥；有的应试人由于没有意识到自己的不良心理状态或对测试焦虑缺乏有效的调节，导致测试效果不理想。因此，对广大应试人员来说，要在测试中获得好成绩，除了平时认真刻苦学习外，还必须加强自身的心理训练和调节。

1. 焦虑心理的表现

考试焦虑是对考试的一种特殊的心理反应，在认知、情绪、身体方面均会产生特定改变。它包含两种成分：一是忧虑性，二是情绪性。忧虑性主要涉及对即将到来的考试的评价、预期，以及由此产生的担忧、不安，其中包含较多的认识成分。情绪性主要指相伴随的情绪体验及身体反应，如恐慌、焦急和与自主神经活动失调有关的症状。普通话水平测试中表现的焦虑是应试人员在测试准备阶段和测试过程中的心理紧张、担心、恐惧等在情绪上的反应。此焦虑心理有明确的焦虑对象，如对当前备测状态不佳的着急、对测试情景的担心、对临场发挥的担忧、对测试结果的不良预期等。

根据测试的不同阶段，焦虑可以分为测试准备阶段的焦虑和测试过程中的焦虑两类。导致焦虑的原因不同，两类焦虑所表现出的心理和生理反应也不一样。测试准备阶段的焦虑主要表现为担忧。担心在培训期内无法按时完成涵盖面较广的复习内容，不能较彻底地克服方言影响，担心出现自己准备欠充分的内容等；生理上的反应主要是忧心忡忡、惶恐不安、食欲不振、失眠、精神萎靡等，并且越是临近测试，身体上的疲惫和心理上的慌乱与忧虑越明显、越严重。测试过程中的焦虑主要表现为紧张。因为严肃的考场气氛，字词读音卡壳、"朗读短文"

中回读、说话内容不足等原因而紧张；生理上常出现心跳加快、呼吸急促、身体出汗或颤抖、声音发颤、思维僵滞停顿等现象，严重的还可能伴发呼吸困难、呕吐乃至昏厥。这些心理或生理上的失调，容易导致应试人员注意力不集中、视听困难，无法像平时那样感知试题要求及考场指令，作答时移位、漏答或误答。

2. 焦虑心理的原因分析

考试焦虑是一种负性的感情状态，它具有一种不愉快的色彩，容易给人带来痛苦的反应。焦虑的产生与早期的经验有关，主要是后天习得的。人们由于长期过度消极地自我评价和自我怀疑，夸大自己的无能和失败，对考试顾虑重重，失去信心，从而产生焦虑。但普通话水平测试焦虑心理的产生，还有其特殊的原因。

（1）期望值过高

现阶段主要测试对象应达到的等级要求，某些岗位人员逐步实行持普通话等级证书上岗制度。这就从客观上要求应试人员在一定时期内通过测试并达到相应等级。但是，一部分应试人方言定势根深蒂固，即使经过一段时间的培训，也难以达到相应的等级。因为普通话的学习是一个实践操作过程，掌握它需要循序渐进，日积月累。然而由于参聘、求职、晋职、毕业等种种原因，人们都希望自己能在最短的时间内一次顺利过级。这样，主观期望与实际水平之间就不可避免地出现落差，且期望值越高，落差越大，心理压力亦越大，焦虑情绪的产生便不可避免。

（2）自信心和心理预防措施不足

自信心是自我意识在情感上的表现，是积极的自我评价的主观体验。测试培训实践表明，自信心不足的现象，不同对象出现在不同阶段。部分水平较低的应试人，在未培训前，就对自己失去了信心，认为自己即使再努力也难以达标，学习动力不足；部分水平较高的应试人，由于对测试的要求和自身语音面貌的了解不全面，培训前充满信心，觉得达标是轻而易举的事，但随着培训内容的增加和深入，发现了自身的语音毛病，感到难点越来越多，这时自信心便开始动摇，开始夸大实际困难，低估自己的能力，不敢面对有难度的学习任务，无法对自己的成败做出正确归因。自信心不足是测试准备阶段产生焦虑的主要原因之一。

心理预防措施是指在思想和情感上对意外情境、事件等事先防备的办法。心理预防措施不足也会导致准备阶段的焦虑。应试人由于对测试中可能出现的难点或特殊情况考虑不周，对可能出现的意外情况缺乏分析，没有心理准备，没有防患于未然，影响测试过程中的正常发挥，形成焦虑心理。

（3）知识技能及相关准备不充分

充足的知识储备与熟练的技能是临场发挥的基础，也是自信心的可靠保证。普通话水平测试内容全面，既有基本知识（语音、词汇、语法）掌握情况的考察，也有基本技能（朗读说话）熟悉程度的考查，准备不充分，测试时自然如履薄冰，感到危机四伏，影响良好的心态。测试离不开与测试有关的一些准备，如熟悉考场环境，了解测试程序，明确答题要求等。为了保证测试评判的可靠性，减少测评误差，测试采取的是三位测试员同时测查一位应试人的办法，这种颇有点像"三堂会审"式的测试环境，客观上会增加应试人员的心理负担。测试时间长，题量大，衔接紧，"说话"又是临时抽签确定话题，应试人需迅速组织头脑中的材料，边想边说，这样的考试形式和表达方式，对应试人心理也会有一定的负面影响。只有相关准备充分才有助于保持正常心理状态，有助于测试顺利进行，否则，极有可能因准备环节失误导致焦虑的产生。

3. 焦虑心理调节的方法

（1）端正测试动机

正确认识普通话水平测试是搞好测试的前提。普通话水平测试是推广普通话的重要组成部分，测试的目的是评定应试人普通话水平所达到的等级，促进普通话的普及，并在普及的基础上逐步提高全社会的普通话水平，提高现代汉语规范程度。对受试个体来说，普通话水平测试检测的只是应试人的普通话规范程度，并以此确认应试人从事某一职业的规范语言能力是否合格或水平高低，不是所有能力的考核；普通话水平测试不是一次测试就决定终身、决定命运的终极考试，应试人一次测试成绩不理想，未进入规定等级或要求晋升更高等级，可以在测试3个月后申请再次测试，直至达到规定等级或自己满意的等级为止；普通话水平测试是全国统一实施的等级考试，具有一定的科学性、严肃性和权威性，应试人不可抱怀疑、侥幸等心理。因此，对待普通话水平测试，一方面，应试人完全没有必要片面夸大其意义，把测试与个人的终身事业、成就和幸福等紧紧联系在一起，带着强烈的求胜动机和沉重的心理负担去复习、测试，使过强的焦虑影响复习和临场发挥。另一方面，也不要对测试抱消极应付的态度，毫无准备、毫无压力地被动参与。而应该将正确的认识转化为学习的内在驱动力,并以这种内在的积极的情感因素作用于复习和测试,保持适度的焦虑。

(2)提出适宜的等级目标

首先,目标是指要达到的境地或标准。它是一种有意识的主动行为,是人的主观能动性、积极性和创造性的反映。目标的提出受主、客观条件制约。应试人在制定普通话等级目标时,要将国家的要求与自身的基础和其他客观因素结合考虑,使适宜的等级目标给自己带来适度焦虑,增强学习动力。普通话水平测试分三级六等,除一小部分人员必须达到一级水平之外,目前应接受测试的人员大部分只要求达到二级或三级甲等水平,即能说比较标准的普通话。一次测试便能达到最高级一级,或遂人愿,固然很好,但因方言差异、个人兴趣、普通话基础或职业差异,测试成绩也会出现不同等级,测试结果难免有不如人意的情况。所以,为防止过强焦虑的产生,应试人在制定等级目标时,必须做到:提出的等级目标要结合实际。

制定目标时,不可脱离实际,好高骛远,盲目地将等级定得很高,使准备阶段就背上沉重的思想包袱,屡遭失败的打击,加强焦虑强度,影响复习和测试。也不可一味降低要求,放任自己,把等级定得过低,没有丝毫的紧张和压力。而应该对自身的普通话水平、语言学习能力、工作学习现状等做客观分析,找准学习普通话的"最近发展区",合理提出通过努力能够达到的等级标准,使普通话学习保持在不断进步的动态过程中。这样,既可避免失去测试的良机,又可避免由于过高或过低期望造成的挫折,使复习准备的过程伴随成功的体验、喜悦和愉快的心情,并使这种喜悦自信的心理状态成为应试心理结构的一部分,保证测试时头脑清醒,思维灵活,情绪稳定。

其次,要正确确定目标的作用点,处理好总目标与子目标间的关系。目标作用点是实现目标过程中起主要作用的支点,它对目标的实施起着举足轻重的作用。普通话水平测试等级目标的作用点是纠正方言、学习普通话。若把作用点放在猜题、走关系上,一旦作用点失去效应,肯定会强化焦虑程度,无法达到预期目标。目标不是一个独立的量,它伴有许多子目标与子系统。目标也不是一个抽象的概念,有其具体的内容,子目标及子目标的子目标是其具体内容的体现。因此,在制定目标时,不能简单地定为某级某等,而要对语音词汇、语法语调、表达流畅程度或"读单音节字词""读多音节词语""朗读短文""命题说话"等各个子目标做出具体计划，处理好各小项子目标与等级总目标之间的关系，尽量缩小子目标与总目标之间的差距，使各子项失分率与总的等级失分率相一致，促进总目标的实现。

（3）做好充分准备

测试前的准备工作很多，如知识准备、心理准备、体能准备等。首先是知识准备。知识准备要正确、全面，力争做到不遗漏一个知识点，不保留应该克服的缺陷和错误。知识准备不充分，不仅不利于形成良好的测试情绪，还可能导致测试失败。例如，如果准备阶段鼻音 n 读不准，测试时不仅可能所有带鼻音声母的字读不准，导致在测试各项中因语音失误扣分，而且还可能在"朗读短文"项中因刻意发准 n 声母而出现割裂语义的停顿，导致停顿不当失分。这样因单个知识点的失误而多处失分，自然会给应试人形成较大的心理压力，产生焦虑或加强焦虑强度。

其次是心理准备。应试人要积极调整自己的心态，要对测试时可能出现的困难和挫折做客观的估计，要有克服困难或挫折的充分的心理准备。为了避免测试时产生紧张心理，应试人员可以通过测试员或已测的应试人员了解测试程序，学习应试技巧，提前熟悉测试环境，还可以通过相互之间的模拟测试积累经验。在心理准备中，模拟测试起着极其重要的作用。因为它一方面可以丰富复习的手段，保持应试人的注意力和兴趣，发现学习过程中的不足与缺陷，及时查漏补缺；另一方面又可以给应试人创造一定的测试氛围与考场环境，通过对这种氛围和环境的认知与适应，逐渐增强对正式测试的适应度，减轻或消除心理负担。

再次是体能准备。普通话水平测试虽然不像体育竞技那样需要消耗大量的体能，但同样需要充沛的精力。应试人在测试前一两天，主要任务已不是学习，而是调节应试状态，恢复和加强大脑功能，所以不宜再加班加点地学习或工作，大量消耗脑力和体能，应按时作息，保证充足的睡眠，保持充沛的精力、清醒的头脑，使测试时思路清晰，反应敏捷。

（4）冷静处理怯场

怯场是应试人在测试过程中，因测试情境与测试本身的强烈刺激，引起情绪高度紧张和焦虑，难以控制自己的心理活动，造成心理活动暂时中断或失调的一种心理现象。怯场是测试焦虑最典型的表现。为了避免测试过程中的怯场，测前半小时内，应试人一般不要继续进行高度紧张的复习，要避免谈论与测试有关的问题，不要追问已测人员的测试情况。可以独自散散步，或与他人聊聊天，活动活动身体，适量地饮水等。测试中，当应试人意识到出现了怯场现象时，也不要惊慌恐惧，可以尝试着用以下方法快速摆脱：

第一，深呼吸法。暂时停止有关活动，全身放松，双眼注视一个固定的目标或微闭，反复均匀地、有节奏地做深呼吸。第二，默数数字法。双眼微闭，用中速或慢速默数数字。第三，自我暗示法。暗示自己准备充分，即使有小小的失误也不会影响达到相应的等级，能顺利通过测试。通过这些方法，减轻心理压力，缓解测试焦虑，克服怯场，争取以沉着冷静、轻松愉悦的最佳心理状态应试，发挥最高水平，取得最好成绩。

（三）普通话水平测试测评误差探究

普通话水平测试采取的是完全口语测试，测试时同步录音，两位以上测试员即时评判，现场打分并确定等级。为确保测试信度和效度，各级测试机构还对初评出的成绩，按不同等级做了严格的复审规定。在复审中我们发现，几名测试员对同一测试对象的评判分值屡有误差，且随着测试员队伍的不断扩大和应试人员的日益增多，测评误差现象日益突出，成为直接影响测评质量的一个主要问题。因此，深层次地分析导致误差的原因，探讨解决途径，缩小测评误差，对提高普通话水平测试质量意义十分重大。

1. 测评误差原因分析

测评误差是指对同一测试对象测试员评判分值与应试人普通话真值之间的差距。表现为评判分值大于真值或评判分值小于真值两种情况。在特定测试内容和环境下，应试人普通话水平的真值只有一个，评判分值与真值差距越大，误差越大，信度越低；评判分值与真值差距越小，误差越小，信度越高；只有最接近真值的评判才是最为合理的。测评误差在口语测试中是难免的，但又是可以缩小的。导致测评误差的原因主要有以下几个方面：

（1）普通话的规范度不够明朗

普通话水平测试是一种标准参照性达标考试，测试员对应试人员进行普通话水平测试时，必须有一个参照标准，这个标准应包括对标准语音、词汇和语法的定性描写。语音方面，对声母、韵母、声调及音变等的描写还仅仅停留在音位典型读音的定性描写上，对它们的条件变体，尤其是音节中各音素的变体读音未做精细的描写，更缺乏语流中读音变化的定性描写，这是其一。其二，普通话的轻声、儿化等语音现象，因其复杂性，学术界还需做进一步的深入研究，其规范未完全确定，同一个词的读音，不同著作读法不一。这种非标准参照将不可避免地给测试员评判带来一定的差异。普通话的词汇和语法，虽具有一定的稳定性，但随着社会经济的快速发展，其动态性也日趋显现。普通话在不断吸收具有生命力的方言词、外来词、新造词和逐渐认同一些新的语法结构的过程中，词汇和语法评判的某些规范性标准便出现真空。这些不够明朗的标准，给测试员的评判留下了较大的开放空间，测试员有可能根据已有的经验，随意设定标准，将符合自己设定标准的判为正确，不符合自己设定标准的则视为错误，从而造成评判误差。

（2）评分细则的模糊性较大

为便于测试员评分操作，普通话水平测试采用量化评分和模糊评分相结合的办法逐题制定了相应的评分细则。应该肯定，这些评分细则为测试员评判打分提供了必要的依据，但在实际测试中仍感到评分细则存在着一定的模糊性。首先，表现在一些概念的模糊表述上。如"语调偏误"，方音"比较明显""不明显""明显""基本流畅""口语化较差"等。测试员对这些模糊表述的概念的理解不同，评分确定的档次就不一样，分值就有差异。其次，表现在某些评分细则的缺失上。《普通话水平测试实施纲要》对"读单音节字词""读多音节词语"中可能出现的语音缺陷及其表现形式做了较为详尽的阐述，但忽略了轻声读音缺陷扣分原则的描写，致使在"读多音节词语"中对轻声读音的评判出现分歧，对应试人发出的介于正确读音与错误读音之间的轻声，有的测试员视为正确，有的视为错误，有的则视为缺陷。另外，对于"朗读短文"和"命题说话"中轻声读音错误，是归属于语音失误按量计算还是归属于"语调偏误"或"方音"作为定性评判的依据之一这一问题，评分细则亦未涉及。最后，表现在差别评判的标准不确定。实际测试中，不同的应试群体和不同的语言层次，测试员评判时是存在差异的。一般来说，对艺术语言行业人员和语音专职教师的评判较严，对非艺术语言行业应试人的评判略宽；对"读单音节字词""读多音节词语"等字词独立发音的评判较严，对语流中的读音评判略宽。但做出这种差别评判的标准到底是什么，评分细则并没有明确规定，测试员只能各行其是。

（3）测试员个体差异不同

普通话水平测试虽然对测试员的有关条件做了一定的限制，但随着测试工作的逐步推进，各地测试员需求量日益增加。为适应这一现实情况，测试员的资格评审难免出现降格以求的现象，就教育系统而言，测试员主要由高校现代汉语教师、职业技术学院教师、区县进修学校教师、中小学教师组成，他们各自的工作性质不同，对测试的理性认识也不一样，个体素质亦呈现出差异性。这种差异主要表现在以下几方面：第一，普通话语音理论水平高低不一，一般而言，理论水平较高，听辨音能力较强，有错必记，应试人失分率高；理论水平较低，听音能力较弱，对某个音或某些音不能听辨，错记或漏记，应试人失分率较低。可以说，评分的宽严与测试员理论水平的高低有着一定的联系，但无论怎样脱离普通话水平测试评分原则，违背评分标准的宽严都是产生评判误差的诱因。第二，对方言的了解与熟悉程度不一样，听力的排斥性和兼容性有别。普通话水平测试主要靠耳听手记，测试员一般从感性上将自己的发音作为审音的主要依据，但听力具有排斥性和兼容性。人们对自己不熟悉的方音比较敏感，对其语音缺陷或方音比较挑剔不能宽容，而对自己的方言母语或熟悉的方言中的方音则表现得比较迟钝，能够宽容。例如，方言母语为湘方言的测试员，对粤方言应试人的舌面音发音靠前现象比较敏感，很容易挑出其不足，而对本方言区应试人的元音鼻化、舌尖鼻音舌面化的感觉就不那么敏感。不同测试员听力的排斥性和兼容性不同，其评判分值与语音真值间的误差也不一样。第三，心理、生理素质各不相同。普通话水平测试离不开复杂的心理活动，同一应试人，不同测试员对其熟悉程度、喜爱程度和尊重程度不同，心理定势不同，认同感不一样。一般而言，给熟悉的、喜爱的、尊重的应试人打分时，往往在某些方面采取宽容态度，打分偏松，而对不熟悉的、不喜欢的应试人打分偏紧；心情愉快或沮丧时也可能出现评分偏松或偏紧现象。同样，测试员的身体状况也无形之中对评分的宽严产生一定的影响。身体状况较好，精力较充沛时，注意力集中，反应灵敏，评判偏严；身体状况欠佳，身体疲惫时，注意力分散，反应灵敏度降低，评判偏宽。以上这些个体素质的差异，都可能不同程度地造成测试员审音失度，尤其在"语音缺陷"和"模糊评分"的评判上。

此外，测试员职业道德、考场环境、测试时间及测试工作量的大小等都可能影响评判的客观性，出现测评误差。

2. 缩小测评误差的途径

普通话水平测试是区别于其他语言测试的一种完全口语测试，它具有"语音标准的模糊性、成绩评定的主观性、测试方式的个别性"特点，因此，希望彻底消除测评误差是不太现实的，但可以通过各种努力，尽量缩小测评误差，提高测试质量。

（1）确立普通话的规范标准

语言是一种特殊的社会现象，它随着社会的产生而产生，也随着社会的发展而发展。普通话发展到今天已基本确定了规范的语音、词汇和语法体系。但不可否认，不管是在语音词汇上，还是在语法上，普通话标准都还存在一定的模糊性，这种模糊性直接影响测试员评判，因此，必须确立普通话的规范标准。标准规范的范围主要包括：音素层面的元音、辅音的典型读音；声、韵、调的典型读音及条件变体；音节的典型读音及条件变体；音变的典型读音及条件变体；语流中音位系统的典型读音及条件变体；轻声、儿化词的范畴；语调、方音的概念；普通话词汇与方言词汇、普通话语法与方言语法的根本区别等。只有确立了一个规范的标准，应试人才学有方向，测试员才评有依据。

（2）进一步明确评分细则

加快普通话水平测试理论研究，进一步明确评分细则，增强评分细则的可操作性，是缩小测评误差，提高测试质量的必要手段。应该肯定，《大纲》定量与定性相结合的评分细则对评定应试人普通话等级水平起到了十分重要的作用。但测试员仍经常碰到一些实际问题，评分细则或表述模糊或未涉及，难于操作。所以，为缩小测评误差，提高测试效度和信度，真正做到合理科学，进一步明确评分细则十分必要。首先，应加快普通话水平测试有关理论研究，解决测试中必须面对的理论问题。如普通话与方言词的轻重格研究，普通话语调与方言语调研究，方音的表现特征，"语调偏误"和方音"比较明显""不明显""明显"等模糊表述内容在测试中量和质的规定性特征等。其次，在模糊评判中尽量结合量化，把模糊评判项分为若干子项，加以限定或量化，加强对模糊概念表述内容的阐述或举例式说明，使模糊度降到最低，减少评分的主观色彩。再次，增补某些遗漏的扣分项。如"读多音节词语"中，轻声音节读音明显不符合要求的，应按语音缺陷扣分。最后，明确某些语音失误的扣分归属。如"朗读短文"和"命题说话"中字调错误和轻声音节读音错误的扣分归属问题。字调错误和轻声读音错误既属语音错误，又是方言语调的表现特征之一，类似这种扣分归属不明现象，《大纲》应进一步加以明确和规范，从评分细则上堵住可能导致的评判误差漏洞。

（3）提高测试员职业素质

普通话水平测试最终需要依靠具有主观能动性的主体完成。因此，测试员职业素质的高低，直接影响测评误差的大小。提高测试员职业素质是缩小测评误差，提高测试质量的主要途径。思想意识是行动的先导。任何现代职业都普遍要求从业人员有把社会利益、服务对象利益放在首位的从业精神。提高测试员职业素质，首要的任务是强化测试员职业道德意识。首先，普通话水平测试工作是一项特殊的工作，其专业水平要求高，工作量大，时间集中，测试员精力和体能消耗大，报酬低。普通话水平测试员是一个特殊的职业群体，人员组成复杂，由教师、播音员和语言文字工作干部组成，而且他们都有自己的本职工作，都受制于本职工作的约束，测试主管部门的行政约束力较弱。因此，要把测评误差降低到最低限度，必须对测试员进行职业道德教育，培养其崇高的使命感，高度的责任心，爱岗敬业、吃苦耐劳、乐于奉献的高尚品质。其次，必须提高测试员专业理论水平和测评实践能力，使之真心热爱这项工作。一方面，测试员要坚持自学，系统地学习语言学理论著作，掌握现代汉语理论，熟悉常用国际音标，夯实理论基础。另一方面，测试主管部门要严格测试员资格审批制度，严把资格审查关；认真开展测试员岗前培训和后续教育，采取请专家授课，测试员集体学习、集体测试、个别辅导等形式，提高测试员的整体理论水平和实际操作能力；建立测试员业务档案，督促其测评能力的提高；完善地市级测试站复审制度，及时发现初评中的问题，并做到当面与测试员交流，互相促进，共同提高；建立一支以高校现代汉语教师为主体的测试科研队伍，对测评实践中遇到的实际问题进行探讨，及时提出解决办法。通过以上方法提高测试员职业素质，真正成为"熟悉和拥护国家语言文字工作方针、政策，热心语言文字工作，熟练掌握汉语拼音，普通话水平达到一级乙等以上，具有大专毕业文化程度和三年以上工作经验，并有较高的语音分辨能力，作风正派"的合格测试员。

此外，减少测试员的工作量、缩短工作时间、降低工作强度、选择安静的考场、注意适当回避等，也是缩小测评误差，提高测试质量不能忽视的。

第三章 普通话教学改革实践探索

本章主要内容为普通话教学改革实践探索，详细介绍了普通话教学现状和教学目标和普通话教学改革实践指导，具体阐述了普通话教学特点、瓶颈问题、教学的正音和审美目标等内容。

第一节 普通话教学现状

一、普通话教学特点

（一）普通话教学呈现的多元化特点

高等学校招生范围广，生源面宽，学生来自不同的方言区，他们所使用的带着浓浓家乡味儿的方言，在普通话学习过程中必然会产生很大的制约作用，同时对教师的普通话教学也造成了一定程度的束缚。尤其是在方言相对比较复杂的地区高校中，有时一个班级往往就聚集着来自几大方言区的学生及不同方言区的教学对象，他们极具泥土气息的语言，不管是在语音上，还是在词汇、语法等方面，与普通话相比都很明显地存在着巨大的差异。这种现实必然促使着普通话教学应该呈现出多元化的特点。

（二）普通话教学因材施教的原则

普通话教学面对的是一个特殊的群体，之所以说其特殊，是因为教学对象各自的普通话水平存在很大的差异性，学习主体的起点参差不齐，给人以"横看成岭侧成峰"之感[①]。这种情况不是单一因素造成的，而是由于教学对象在成长过程

---

① 张志云.高等学校普通话教学现状及应对策略疏论[J].科教文汇（上旬刊），2020(16)：67—68，101.

中受到所处环境的综合因素影响而形成的。学习主体之间普通话水平的现实差异性必将导致其存在的问题也不尽相同，因此教师在普通话课堂教学中要更加秉持因材施教的原则，必须依据教学对象的实际情况，来制定教学目标，乃至每一章、每一节的教学重点和教学难点。

（三）教学对象的心理对教学的影响

学习主体在普通话学习的过程中往往都蕴含着不同的心理特点。比如：①因为家乡方言与普通话的差距而带来的心理问题。对于家乡方言接近普通话的学生来说就显得积极乐观一些，而对于家乡方言远离普通话的学生来说就显得消极悲观一些。②因为地域文化不同而带来的心理问题。来自文明程度较高地域的学生相对于来自较为封闭保守地域的学生来说，比较容易接受普通话。封闭保守地区方言文化色彩较浓，势力较强，诸多以方言为内质的文化因素缔造了当地人深沉的乡土观念，加重了他们对家乡方言的感情，牢固地树立了方言作为地域性非主流文化传播媒介的地位，这就不可避免地导致了对其他语言的不接纳心理。③由于年龄原因产生的心理困扰。大学生已属于成年人，他们的发音器官已经发育成熟，比较僵硬，所以此时的他们学习普通话就容易产生畏难情绪，心理方面很容易受到负面因素的困扰。教学主体在普通话教学的具体过程中，针对不同教学对象所表现出的不同心理特点，应该做到审时度势，具体问题具体分析，对于不同教学对象所凸显的问题需要运用不同的方法和策略来对其加以干预和引导，力求把因教学对象自身的不足而影响到普通话教学效果和进程的因素降到最低。

二、普通话教学的瓶颈问题

（一）学生学习兴趣不强

常言道："兴趣是最好的老师。"无论何种学科提高教学效率的重要前提必然在于提升学生的学习兴趣，因为学习兴趣是学生学习的原动力。然而，在当下的众多高校教育中，大学生对普通话这一项学习内容的学习兴趣并不强烈，致使高校普通话教学工作难以稳步地向前发展。事实上，大学生对普通话教学不感兴趣既与大学生自身的学习观念有关系，也与教师的教学模式有关系。首先，在面对普通话教学时，多数大学生认为普通话不过是一种交流工具、一项技能。当学生意识到自己日后的工作可能对普通话水平没有过多的硬性要求，那么他们便不会花费过多的精力在普通话学习上，而是将主要精力倾注于自己的专业课程学习。其次，高校教师在教学中习惯采取传统的教师中心的教学模式，即教师讲理论，再示范，最后组织学生进行统一化的标准性训练。这样的教学模式不仅缺少针对性，而且容易让学生感到枯燥乏味，从而很难引发学生学习普通话的兴趣，养成练习普通话的习惯。

（二）语言使用环境不佳

语言的学习会受语言环境的影响，普通话的学习不仅需要专业的课堂教学，还需要有良好的语言使用环境，以耳濡目染的手段深刻影响学生，以持续稳定的实践方式达到学习效果。因此，高校普通话教学若想取得实际效果，需要在校园内营造一种良好的普通话使用氛围。然而，就目前而言，我国大多数高校的普通话使用环境并不理想。其原因主要有两个方面：

一是与社会语言环境有关。当前我国少数人群普通话说得不够标准。因此，受社会整体的语言环境影响，高校内说标准普通话的环境不佳。

二是与学生的语言习惯有关。高校面向全国范围进行招生，学生们往往来自不同的地区，因而高校内存在多种方言并存的文化现象。另外，由于学生在此之前对普通话的学习情况有所不同，所以其普通话表达的能力也表现出参差不齐的状态。虽然学校要求在课堂上说普通话，提倡在公共场合使用普通话，但并没有在全校范围内做硬性要求，所以学生在日常交流时使用的语言比较自由。通常学生们会习惯性地与来自同一地方的同学交谈时使用方言。

第二节　普通话教学的教学目标

一、普通话教学的正音目标

（一）正音意识强化

有许多人在思想意识上并不重视学普通话，认为普通话是很简单的一门学科。

恰恰相反，意识对行为的影响是起主导作用，甚至决定作用的，人的意识是很重要的，它是生物反应功能进化的最高级形态，在学习普通话中正音意识就是提高普通话水平这个观念的建立，并让它在大脑里掌控日常生活、学习和工作的语言要求。

在非普通话地区，说话的语言在语音、词汇、语法方面与普通话存在很大的差异，那么在学习普通话的时候，就有一个重新发音的过程，这个重新发音就是口腔里舌头、咽喉、上额、鼻腔等器官的相互配合[①]。由于它们的配合已经适应了先前的习惯，在学习普通话时就必须进行重新配合与适应。这个时候，需要一个强有力的外力——意识让它进行改变。说什么语言就使用相对应的发音系统，这时意识的作用相当巨大，必须依靠大脑意识中的正音意识，这种正音意识能否跟上，跟得快与慢，都会影响与人对话时对语音的辨别。

学普通话的人都会经历一个说普通话时总要对即将说的话进行一番思考，想想个别的字怎么说才是对的心理判断的过程，判断好后再说出口。这个过程就是一个意识强化的过程，虽然这个过程会影响会话速度，但却很有必要，它有几点好处：①强化普通话正音的意识；②判断字音的正误；③强化正确的，摒弃错误的，提高语音的准确度。经过多次训练以后，慢慢地就进入到无须意识的惯性阶段。可以说这是一个必须经过的阶段。在学习普通话时，要说好，就必须多说，在强调正确中慢慢提升速度，或在速度中慢慢提升正确率，这样的意识一旦明确训练起来目的性就更强，时间一长效果就凸显出来。有意识和没意识的练习效果会截然不同。

（二）正音技能具备

1. 对语音的敏感能力

对语音的敏感能力指能否快速正确控制发音部位和掌握正确的发音技巧。普通话的发音和一般的方言在发音系统上有很大的不同，虽然它们，都是依靠嘴唇、舌头、口腔三者的状态及它们之间的协调灵活配合才完成一个又一个音节发音的，但是二者的发育部位有着显著的差异，而这些音节的发出是取决于它们的正确位置。

如果舌头与口腔的配合不一致，那么发出的音就有很大的不同，错误率很高。

---

① 赵小鱼. 职业中学普通话教学中的正音能力培训［J］. 教育与教学研究，2010，24（06）：115—117.

因为长期的错误发音造成舌头与口腔的配合已经养成了惯性，所以学说普通话在重塑发音系统时就遇到了很大的障碍。要克服这个障碍就必须观察教师的示范和模拟。

需要改正发音的习惯，找到发音的正确部位，并及时纠正，在正确的部位引领下，进行练习，才不会走弯路而取得立竿见影之效。否则，部位错误导致发音错误，重复千遍也是徒劳的，提高不大，正确率差。

2. 对语音的听辨能力

语音的听辨能力是经常被忽略的，这个能力的提高能协助对普通话语音的快速分辨。有许多人在学习普通话时，根本分不清楚字音是对还是错，对自己发音的正误无法判断，这对普通话的提高是一个很大的阻碍。

普通话本身是一个自我训练行为，在自我练习中得到不断提高，那么自己对自己的语音审视判断就很重要，如果听辨能力加强，那么每一次说话就是一次语音的辨误，也是一次语音的纠正、一次正音。这比让别人指出要方便得多，也更有利于自身语言语音的提高。

3. 对语音学习坚持不懈的毅力

"只要功夫深铁杵磨成针。"部分学生从小接触到的普通话较少，多数且长期接触的是方言语调，在学习时就感到较为困难，部分学生就放弃克服发音部位纠正这一关，只是依样画葫芦，照着老师的样子发音说话，同样反复练习，但是效果却并不好，他们的进步也收效甚微。他们从根本上就是错误的，他们始终是在对错误的东西进行重复练习，殊不知结果也是错误的，即便再努力进步的力度也是有限的。好钢用在刀刃上，那么练习的力量也应该用在最为关键的一步上，而发音的正确与否就是这关键的一步，它可以从根本上改变一个人的语音面貌。语言的改变可以慢，但必须正确，这才是实质性的。因此，遇到发音部位纠正很困难的时候，不能为此丧气，而要有下定决心的信念，采取各种措施去达到目的。当然纠正语音需要坚忍的毅力。一旦舌头到达了说普通话要求的凹陷状态，口腔内各器官的协调配合形成了惯性，那么整个语音面貌就会发生实质性的改变。

二、普通话教学的审美目标

语言教学是一门科学，也是一门艺术。语言是人类最重要的交际工具，作为信息载体的同时也是文化的载体，蕴含、积淀着丰富的文化信息。再加上语言在发展过程中越来越具有审美属性，又有语言艺术之称。由此普通话教学培养大学生的审美能力，是指在审美过程中，审美主体感受、理解、评价与鉴赏美的能力，以促使其形成良好的个性和健全的人格。

"素质教育""以人为本"的教育理念已经成为教育界的共识。普通话教学中审美目标的确立是响应新的教学理念将审美教育实践在教学活动中的具体化。普通话教学的审美目标是作为学生在知识与能力之外的更高语言追求。但在普通话教学中，审美形态、内容与方式都已自然融入教学过程中，很难在教学中进行独立的审美分析。因而只能借助教学的各个环节来具体看审美教育的成果。比如语言的正确规范在口语中能呈现一种美，节奏的和谐、声音清晰悦耳、语调流畅自然、内容丰富生动等。普通话教学在关注不同阶段的学生知识与技能、过程与方法、情感态度与价值观等方面的基础要求的同时，其教学活动本身蕴含着较多的美育成分。

如何在口语表达时使用标准规范的普通话，达到精练、恰当，表意准确，使口头表达带上抑扬顿挫的语调美和情感美；如何在传播信息的同时声情并茂，抓住听众的所有注意力，使表达富有吸引力，达到动听、动人、动心的效果；如何品味欣赏优美的语言艺术作品，陶冶自身情操，提高审美能力，这是普通话教学审美目标的三个层次。

（一）语音美感教学

汉语是世界上使用人口最多的语言，也是世界上最发达、最重要的语言之一。在其独特的形成和发展过程中，具有自己鲜明而显著的特色。现代汉语既有丰富多样的复杂性，又有严谨周密的科学性；既有参差错落、高扬长抑的形式美，又兼备明快和谐的节奏和音韵美，无论听说，都能给人赏心悦目的美感。语言在人们的使用过程中形成的审美因素首先体现在语音方面。语音是一种固化的美感，它能直接作用于人们的感官，能直接唤起学生对语言美的体味与渴求。汉语语音的美首先表现在音节前声后韵的结构，使音节具有清晰响亮、爽朗高扬的美感，而且声调的运用也使音节缓急有致，加上双声、叠韵、重叠等音节变化的形式，形成多样的韵律。语音枣核形的发音形式，使得汉字字音字正腔圆，清晰可辨，又富有弹性和力度，圆润悦耳。发音时吐字清晰，归音有韵，婉转悠扬，这种语音的美学特征在口语中时时显露。普通话教学过程中可利用汉语语音特点中最突出的节律性进行审美教学。

普通话语流中轻重、快慢等多种语音要素的变化规律也是形成口语节律的必要条件。这种节律不仅能辨义，而且极大增强了语言的表现力。作为韵律特征的一种突出表现，升降曲直的声调让音节富有音乐美。普通话声调的运用，使人们在感知与运用的过程中有目的地在强弱、高低、长短上进行选择和组织，使语言与人的心理机制之间形成和谐的对应关系。如轻声音节在语流中使音节产生轻重对比，让语音出现灵动活泼的情感变化，交错形成轻重音节的节拍群，呈现长短参差、轻重有致的美学特征。有些较弱而偏暗的轻声音节给人以委婉、亲切、柔和的感觉。有些儿化轻声更是极大增强了儿歌的温婉与轻快美感。如："小竹排，顺水流。鸟儿唱，鱼儿游。两岸树林密，禾苗绿油油。"这种由独一无二的声调高低曲折和语调的抑扬顿挫带来的乐感，能使学生很快接受并重视语音的美感因素。

（二）审美情感激发

美育的本质是一种情感教育。从心理学角度来说，情绪情感体验对人的活动具有很强的支配作用，并指引和维持着人的活动方向。肯定的情绪会使人感觉舒适和满足，产生积极的行动。兴趣则是伴随着愉快情绪的认知倾向，也可推动人积极行动。如何在普通话教学中进行审美情感的激发，将决定学生对语言的兴趣。在普通话教学中可引入具有强烈情感启发性的美育成分，寓情于音，寓美于教，尽量去创造一种情、美、智、能交融的课堂氛围。其实汉语作为一种语言不仅是思维与交流的工具，更是中华几千年文化的载体。在普通话教学中渗透文化因素，发掘汉语特殊的文化魅力，传承语言中的人文关怀，提升学生的道德境界和文化修养，更是普通话教学情感审美的重要内容。

语言本身就是一种文化。普通话的语汇意义以及语音符号的形态，在久远的历史积淀中已经富有丰厚的文化内蕴。从课程性质看，普通话课是培养学生口语表达能力的语言技能课，它是在语言学理论指导下进行实践训练的课程。训练内容的合理性与针对性就成了成功实现教学目标的关键。目前普通话教学实际上需要完成两大目标：一是正音，二是审美。在达标测试中便已然实现了技能训练与审美目标的结合。教材与训练手册选用的大多是文质兼美的名篇，以抒情浓郁的散文为主。学生要了解作品的审美蕴涵，首先要对作品形式进行观察，集中于作品展现的语言的音乐美。如语言的节奏、韵律等要素的构成，朗读中用抑扬、轻重、徐急等手法来体现语言的节律性。其次在朗读中促使学生进行情感体味。有的作品中散发着锐利的思想力量，有的真诚坦率地表情达意，有的是对生命的礼赞等，或朴素与华丽，或优雅与雄壮，或悲戚与愉悦等，多种审美形态都要得到完美的呈现，作品中的美感特质、美感形象、美感意蕴需要得到充分挖掘。学生各取所需，在审美的愉悦中得到情感的锻炼，让学生进入作品的同时进入一个丰富的情感与精神世界。

（三）语言优美表达

自孔子始，"言语"便被列为四科之一。高尔基说："作为一种感人的力量，语言的真正美产生于言辞的准确、明晰和动听。"[1] 面对当今这个信息多变、科技迅猛发展的社会，交流日益拓展，表达能力更是衡量人才的标准之一。普通话作为现代的雅言，尤其该为大学生重视和熟用。语言学是一门对人的语言行为进行规律性的归纳和总结的学科。反过来语言学的科学性能够对人的言语行为起到规范和指导的作用。普通话的学习需要发现和纠正自身的语音问题，意味着对语言表达习惯的改变，这需要经过一个长时间的调整。从语言心理学的角度来说，以前的语言学习是一种习得学习，绝大部分是在一种无意识状态下进行的反复模仿练习。大学普通话教学则是一种能力学习，要求在已习得的语言素养和知识储备下，实现语言的规范、合理表达，以达到切情、切境、让人感觉愉悦又欣然接受观点的目的。

学生学习兴趣的树立、良好学习习惯的养成，一个重要因素是外在的约束力。语言习惯的培养是极其重要的，自我评价的方式也很重要。充分利用语言教学交互性的优势，用普通话进行平等交流，引导学生正确模仿，形成正确的语言习惯。普通话的正音训练表面看是要求学生正音，其实也就是要学生表达清晰自然、清楚流利、思路清晰、层次分明，训练一种让人愉悦的表达。另外还要启发学生揣摩语言、体味情感、发挥想象，注重语言的赏析，让学生从语言走进意境。在普通话教学中，教师精妙的讲解即可作为表达训练的表率。教师的语言准确、明晰、

---

[1] 许迅.语言实践教程　第二版［M］.南京师范大学出版社，2014.

动听，微言大义地讲解理论，灵活使用修辞格，准确传情达意，给学生视觉与听觉、学习与欣赏的愉悦感，本身就是一种完美的语言表达展示。加上对画面的优美描述，对经典警句的精当阐释，乃至对时事的精彩评析。如在讲解复韵母时，配以《感恩的心》的手语视频材料给学生讲解人生中总会有主次之分，生活中不可能每个人都是主角，如何做好配角，调整心态忠于职守，也是一门人生学问。因此人应该学会感恩，在人际关系的处理上少一些争斗与固执，多一些宽容与礼让。在语言课中引入理想与人生观的教育，打开学生的情感世界，引导他们用聪慧与敏锐创造更多的语言审美奇迹。

（四）审美目标的延展

广义的美育指美的教育，是指运用美学理论和美的现象，在审美关系中实施教育，以培养人的爱美、审美、创美素质及能力的一种教育活动[①]。作为语言的美育目标，其核心是引导学生追求真善美。作为重要的人文课程，普通话课程肩负着人文教育的重要使命，其审美目标必须充分调动多种手段加以实现，寻找多种途径引导学生发现美、欣赏美、追求美、按照美的规律和要求塑造自己的语言和心灵。普通话审美教学不仅存在于课堂上，课堂之外教师还可利用有关条件进行审美教育的延展。诸如通过指导学生欣赏精彩的语言艺术作品，支持和组织学生开展丰富多彩的语言艺术活动等，让学生置身于较为纯净的语言艺术氛围，感受语言的情感魅力与美质美韵。通过这样的拓展学习，学生能从心灵到行为都得到美的熏陶。

第三节　普通话教学改革实践指导

普通话课程教学研究主要集中在以下几个方面：

1. 传统教学模式的改革

传统教学模式强调的是教师的作用，以教师为中心。教师在传递知识时较多采用的是灌输式，忽略了学生在教学过程中的作用。因此，应根据学生专业特点和普通话水平进行"分层教学、分类指导"。

---

① 李婷.论普通话教学审美目标的实现[J].语文学刊，2012（08）：138—139.

2. 教学手段的改革

多媒体技术引入普通话课堂教学有利于教学情景的创造，并能多层次、多维度地展现课堂教学内容，有效地激发学习者的学习兴趣。

3. 师资配置的改革

普通话教学岗位不应该成为其他教学岗不适合者的"保险"岗，普通话教师除了普通话达到一级乙等水平外，还应当具备教育学和心理学的相关素养，能在普通话的课堂中演绎精彩的语言教学。

4. 教材的改革

普通话教材既要考虑实用性，又要顾及可接受性。

5. 评价方式的改革

应将传统的一次性考试形式改为滚动式测试机制，这不仅对受方言影响导致竞争起点不同的同学比较合理，而且作为一种促进学生学好普通话的手段，有利于提升在校生普通话的达标率。可见，普通话课改革研究涉及的面比较广，往往是课程和教学的交叉。课程改革是一项系统工程，它包括界定目标、制订计划、设定条件、组织评价等各个方面。教学改革旨在促进教育进步，为了提高教学质量而进行的教学内容、方法、制度等方面的改革。在实施的过程中两者常常交汇，在研究时也应结合考虑。

普通话教学总体问题确认后，就能有针对性地采取措施，在实践理念的指导下，逐步击破教学中的具体难点。

一、创新教育理念深化普通话教学改革

以创新教育理念为指导，深化普通话教学改革。首先，要加强对教学方法的改革。现在的普通话教学存在的误区主要是：一是把普通话课上成了纯训练课，脱离了理论的指导；二是以理论为主，不重视实践。实践证明，这些教学方法都达不到良好的教学效果。因此，普通话教学必须要做到理论教学与技能训练相结合。从本质上看，普通话教学是一种语言教学。"语言教学的根本依据是语言学习规律和语言学习理论，其目的是提高语言教学的质量和效率。语言教学改革的新主张及对改革的合理性的预断都离不开对语言学习规律的认识，离不开语言学习理论的指导。"由此可见，普通话课程是在理论指导下培养学生普通话运用能

力的一门实践性很强的课程,它既有理论指导又有训练实践。在课堂教学中给学生传授普通话的理论知识当然是必要的,因为它是提高学生们语言素养的基础和前提条件。理论是训练的前提和保证,没有理论的训练是盲目的训练,理论指导常常能为技能训练起到点石成金的作用。但是,对普通话基础理论的讲授并不要求面面俱到。提高普通话技能才是教学中的重点。因此在教学中理论知识的传授要注意与学生的语言实践相结合。在理论的指导下,通过反复练习实践,使学生获得运用普通话、驾驭语言的能力。

其次,在普通话教学中,要注重对学生人文素质的培养。在普通话教学时,通过选取一些古典诗词、现代诗歌,或是时下的一些美文作为补充材料,让学生在普通话语音训练的同时感受中华民族文化的内涵,培养他们的民族自豪感和爱国情操,激发他们热爱祖国语言文字的感情。在授课过程中,教师不能一味地照本宣科,教学要突出学生的主体作用,尽可能采取启发式教学,以提问、辩论、访谈、主题讨论等形式鼓励学生敢于提出问题,大胆表达自己的思想。在课堂上,学生会在反复的锻炼中克服紧张的心理状态。通过鼓励、表扬,使他们敢说、愿说、善说。

二、采用先进的现代教育技术手段

在科学技术迅速发展的今天,普通话教学有必要充分利用现代科学技术发展的成果,利用现代教学手段,进行形式活泼、内容丰富的教学。"利用网络交互多媒体教学不仅能大大拓宽教学资料的来源,增加课堂信息量,减少课堂教学时间,成为解决学时矛盾的重要途径,而且最突出的是它能使一些在传统教学手段下很难表达的教学内容或无法观察到的现象形象、生动、直观地显示出来,它能将以往静态的教学内容和平面型的教学方式转化成多媒体形式和立体型的新型教学模式。"可以借助于多媒体手段把诸如语音的发音原理示意图、声母的发音部位示意图、韵母的元音舌位图等用大屏幕展示出来,既形象直观,更便于学生理解、模仿和纠正发音,从而有助于提高学生的学习积极性。此外,通过多媒体,教师可以向学生提供大量的普通话视听材料,如经典的电影对白、各种辩论赛的录像、电台电视台的播音材料以及一些方言材料,使学生在普通话语音和方音材料的反复对比中发现自身语音的缺陷,通过"听"培养良好的语感,从而进行流畅的表达。最后，网络多媒体教学能体现个性化教学优势，学生可以自主选择学习内容和安排进度，或随意重复未掌握的内容，最大限度地发挥学习者的能动性，达到别的教学形式难以达到的教学效果。因此，在普通话教学中运用现代教育技术手段，丰富教学形式，也是提高普通话口语教学的重要途径。

三、创设良好的语言环境巩固口语教学效果

良好的语言环境是普通话口语水平得以提高的基础。要进一步优化学生的口语交际环境，实现口语训练量和训练质的提高，如果离开一个健康的语言环境，学生在课堂上学到的关于口语的知识就没有用武之地，这直接影响到口语教学的效果[1]。因此，健康而真实的口语环境的创设和优化十分必要。良好的语言环境的形成，需要学校各个部门共同努力。首先，学校领导干部和教师对语言规范问题要有深刻的认识。其次，学校要加大营造推广普通话的校园环境，充分利用校内广播、利用读报橱窗、教室黑板报等进行推广普通话宣传；开展大面积的、持久的、多形式的课外活动，如举办丰富多彩的普通话朗诵会、故事会、演讲活动、辩论会等形式的竞赛，这些活动面广、参与者多，能够激发学生学习普通话的兴趣和热情，对形成良好的普通话学习氛围起到一种积极的推动作用。最后，教师在课堂上要率先示范，以标准流畅的口语，使学生在不知不觉中受到语言的熏陶，产生学习语言的兴趣。

总之，普通话口语教学是一项十分艰巨的任务，高校教师应从大学课堂教学的实际出发不断探索新的可行的教学方法，在教学内容、教学方法、教学手段上有所创新，给学生创造一个良好氛围，最大限度地为学生创造交流机会，调动学生的积极性，提高学生的普通话水平。

四、注重多因素培养

心理学认为，人们在进行各种智能活动时，有两种心理因素，即智力因素和非智力因素参与。非智力因素可以理解为"除了智力和能力之外又同智力活动效益发生交互作用的一切心理因素"。随着有关理论研究的深入，人们已经日益认

---

[1] 刘乙秀，吴振洲.高校普通话口语教学的创新与发展[J].中国科教创新导刊，2009（04）：88.

识到非智力因素，如兴趣、情感、意志、学习习惯等对人的智力开发和全面成长所发挥的重要作用。学习普通话和提高普通话的学习质量，需要学生非智力因素的参与，普通话学习在培养学生某些非智力因素方面也具有特殊的作用。

（一）重视个体差异激发学习兴趣

兴趣是一种带有情绪色彩的认识倾向，是推动人去认识事物、探求真理的一种动力，是智力活动的契机，是学生学习中最活跃的因素，也是学生学习积极性的重要源泉。学习兴趣的程度对学习效果有着不同的影响：当人对某一事物感兴趣时，接受知识速度更快；如果兴趣不浓或没有兴趣，接受速度慢。学生因环境、条件、学习基础和个人爱好不同，对普通话学习表现的兴趣存在着明显的个体差异。这些个体差异大致表现为兴趣较浓、兴趣一般、没有兴趣三种。教师在教学中要注意学生学习兴趣的差异性，正确引导，培养和激发学生的学习兴趣。

一般而言，普通话基础较好的学生对普通话学习的兴趣较浓。教师要善于利用其积极性，发挥其语言表达特长，让他们担任一定的教学辅导工作，指导基础较差的同学，使其在辅导中进一步提高自身的普通话水平；适当增加知识信息量，加大训练难度，严格训练要求，以普通话水平测试成绩达到一级水平作为学习目标；鼓励他们参加大型的语言竞赛活动，实现知识到能力的转换，以此稳定和发展学习兴趣。

普通话基础一般的学生，学习兴趣也一般。这部分学生的兴趣往往表现为间接兴趣，学习动机多为毕业时能达到国家要求，获得毕业证书。对待这部分学生，教师要加强直接兴趣的培养，阐释普通话的美学意义，提高其对教学内容的深刻认识；提供训练机会，强化口语训练，引导其主动参与，激发学习兴趣。

对普通话学习没有兴趣的学生，一般是缘于普通话基础较差，或对普通话及其学习缺乏明确的认识，直接兴趣和间接兴趣都较低，甚至有抵触情绪。教师要从教学内容、教学要求和教学形式上做适当调整，分散难点，降低难度，使学习难度呈由浅入深、由易入难的阶梯状；从培养间接兴趣入手，逐步将不稳定的、不能持久的间接兴趣转化为直接兴趣；对他们取得的进步给予及时的表扬、鼓励，使其体验到成功的喜悦，坚定学习信心；用有效的办法把他们对专业的兴趣迁移到普通话学习上来，真正实现由苦于学到乐于学的飞跃。

（二）融洽师生关系增强学习情感

情感是对外界刺激是否满足需要而产生的一种内心态度体验。美好的情感是一种力量，具有激发学生求知欲的心理增力作用。教学活动是一种教师和学生共同参与的双边活动，从一定意义上讲，这种活动的效果是与师生关系的融洽与否紧密相连的。只有建立起融洽和谐的师生关系，才能增强学生"学有所乐，学有所获"的学习情感。学生在普通话的学习过程中，难免出现诸如发音不准、南腔北调等情况，自然也极易产生怕被人笑话、怕出洋相等胆怯的心理。教师可以用友善的动作、鼓励的口吻、信赖的目光给以心理暗示，使其自然放松、大胆"学说"，获得提高。教学中，教师要善于与学生交往，尽可能多地与学生接触，以自然、和蔼、充满自信的教态亲近学生，使学生"亲其师，信其道"，发挥其主观能动性和创造性，开发智慧潜能；要充分理解和尊重学生，高度地信任和热爱学生，总是以热情的期待赞赏学生的成就，肯定学生的每点进步；用标准动听的语音、敏捷深刻的思维、规范流畅的表述，激发学生学习普通话的激情，并把这种激情转化为强有力的、稳定而持久的热情；鼓励学生提出问题，发表不同见解，展开学术讨论，提倡民主平等的教风与学风，以此增强学生对学习普通话的愉悦情感。相反，教师如果以冷若冰霜的面孔、漠不关心的神态出现在学生面前，就会导致他们产生紧张、烦躁和冷漠的心理，压抑其潜能和创造力的发挥。因此，无论面对什么学习水平的学生，教师都应以极大的热情和严谨负责的精神对待他们，任何生硬、尖刻的言辞，任何轻视、放弃的态度，都将不同程度地挫伤学生学习普通话的自尊心和积极性。

（三）把握适度要求培养良好意志

意志力是非智力因素的一个重要方面，它能使人自觉地确定目标，根据目的来支配、调节自己的行动，克服各种困难，努力实现预定目标。意志力是在克服困难的不断实践中磨炼出来的，但它并非自然而然就能实现，它需要教师提出适度要求，使学生通过一定的努力实现预定目标。普通话教师对学生提出学习要求，不可盲目求高，也不可一味降低，要把国家对学生普通话达标等级要求与学生实际能力结合起来，在了解学生情况的基础上与学生共同制定具体要求，激发学习欲望，提高学习效率，培养良好的意志品质。

首先，培养学生的自觉性。普通话学习的课堂教学时间是有限的，主要靠课外训练，学生必须把普通话作为提高自身素质，适应知识经济社会需要的重要内容，自觉制订阶段达标训练计划，主动完成各项训练任务，自我督促、自我检查。其次，培养学生顽强的意志。普通话的学习并非一帆风顺的，在学习过程中，常常会遇到各种各样的困难和阻力，如认识不深、目的不明、时间较紧、方言障碍较大、缺乏良好的外部语言环境等，但是，只要具备战胜困难的信心与决心，坚持学习的耐心与恒心，不因一时的挫折与失败而气馁，也不因暂时的成功而骄傲，就能够达到目的，实现既定目标。因此，普通话的学习过程既是培养学生学习自觉性的过程，又是磨炼学生坚忍毅力和顽强意志的过程。

（四）加强学法指导优化学习习惯

学生一般具有一定的普通话基础，但又未受过正规的普通话教育，进入大学后，普通话水平表现出明显的差异，这种差异除了受智力和基础等因素的影响之外，还与其学习方法和学习习惯密切相关。事实表明，一部分学生普通话进步较小，提高较慢，并不是因为智力缺陷和学习的力度不够，而是没有掌握好的学习方法，没有形成良好的学习习惯。例如，音节训练时，有的学生眼睛看着书上的正确拼写，嘴里念出的却是方言的错误读音；有的学生在没有掌握难点音节根本特征的前提下，盲目训练，对错莫辨，虽长时间训练，难点仍不能攻克；朗读训练时，不少学生习惯于拿起文章就读，疏于仔细地分析作品，把握情感；说话训练时，有的更多地注重语音的准确，思维的条理，忽视口语语感的培养，等等。古人云："善学者师逸而功倍，不善学者师勤而功半。"普通话是口耳之学，巧记明辨，开口学说是极其重要的，教师要注意对学生进行正确的学习行为训练，培养良好的学习习惯[1]。正确拼读并通过句篇训练语音；定时收听收看广播电视，培养有意记忆；每天坚持口语训练，积极参与讨论和评价；在分析理解的基础上朗读；克服方言定势，坚持用普通话思维和表达等。不断优化学习习惯，提高学生的自学能力和自觉能力，从根本上改善教学状况，在有限的时间内，使所有学生的普通话水平既能达到国家的要求，又在原有基础上得到最大限度的提高。

---

[1] 田皓.普通话与普通话水平测试研究[M].北京：中国广播电视出版社，2007：6.

第四章 普通话教学改革创新发展路径

随着社会科技迅速发展，各民族之间的互通交流随之提升，普通话作为各个民族人民交往的桥梁，其关键作用愈加显现。在社会科技媒体技术的不断发展、传统普通话教学路径下教师与学生互动性不强、教学形式大多限于文字的背景下，融合科学技术、丰富课堂形式的普通话教学改革是推动人与人之间交流的桥梁，对推广普通话、提升国民普通话水平具有重要意义。在兼顾传统教学模式的基础上，借助媒体平台创新普通话教学方式，从而有效提高教学效率。

第一节 充分运用现代信息科技

在现代汉语教学中，现代信息技术的使用主要体现为使用多元的多媒体手段建立学生个人语音档案、利用音视频等辅助教学、充分利用网络课程平台、建立网络在线测试系统等以及使用新媒体技术为普通话全面学习提供重要途径、为普通话朗读操练提供广阔平台、为普通话宣传推广发挥辐射作用等。充分利用好现代信息技术，可激发学生的积极主动性，全方位提升学生的普通话能力。

一、普通话教学应用信息技术的优势

（一）对课堂教学结构的重组

在课堂有限的时间内，教师不可能将方方面面的普通话知识全部讲授给学生，而通过多媒体网络可以完成课上完成不了的教学内容。网络课程平台为大量的普通话理论知识的学习提供了展示的平台，课堂内容再现，同时师生讨论、生生讨论，完成作业及笔试。而手机 APP 软件和微信公众号的使用又为普通话的实战演习和展示提供了平台。理论学习、课程讨论、实际操练、测试、朗读、宣传等一系列环节都在多媒体网络中完成，对传统的教学结构进行了重组。

（二）对学生自主学习的支持

各种新媒体和多媒体软件的使用改变了传统课堂的师生关系，学生的角色由倾听者变换为主宰者，学生可自主对普通话材料进行记录、选择、归纳、总结等，对于不明白的问题向教师留言提问，或提出讨论。学生自主利用时间训练普通话，可自我调控时间，自行安排，从而培养了自主学习能力。而由学生带头开设的微博、公众号等，可以培养学生的主人翁意识，使其带有使命感，维护微博和公众号的顺利运行，有效地激发了他们的主动性。

（三）为训练交流提供了平台

课堂上有限的时间不容许每个人都有机会去展示自己的语言面貌和普通话水平，也很难进行实地的发音操练。而通过新媒体形式的使用，成立电台、配音或者公众宣传，为学生的思想交流和普通话的训练提供了平台。这个新奇的平台更容易吸引他们的眼球，容易受到他人的认可，从而获得很高的成就感，因此，学生更愿意付出更多的努力进行普通话的语音交流与宣传，这样形成了一个良性循环。

二、普通话教学应用信息技术的策略

（一）使用多元的多媒体手段

建立学生个人语音档案。从学生大学入学开始到毕业，以音频文件的形式保留学生个人语音，教师可由此了解学生的发音特点和弱点，有针对性地进行普通话训练。而对于学生而言，既能对自身的语音特点有清醒的认识，便于进行语音对比，并从进步中获得学习的成就感，同时也是大学阶段一个宝贵的语音资料的留存。

利用音视频等辅助教学。在普通话教学课堂上，提倡理论少讲精讲，在讲解时可以利用多种多媒体形式如动画、音频、视频等帮助学生掌握。比如对于翘舌音发音部位的教学，直接让学生观看舌尖与硬腭的接触动态图，一目了然。对于声调的教学，可以播放方言和普通话的对比音频，让学生直观地感受到二者的差异。

充分利用网络课程平台。网络课程是通过网络表现某门学科的教学内容及实施的教学活动的总和，与传统的课程形式截然不同。目前在高校普遍存在网络课程平台，充分利用可以收到较好的效果。教师将课件、讲稿、授课视频上传，将普通话的相关理论和知识放到课程平台，可供学生学习和模仿，学生可随时针对普通话学习中的问题提问和讨论，打破了有形的课堂的界限，形成师生之间的无缝连接。

建立网络在线测试系统。普通话测试中的话题说话部分，学生由于表达能力欠佳，临场组织语言能力弱，或者怯场，常常失分较多。通过建立网络在线测试系统，供学生学习使用，以普通话测试内容为主，以语段复述、文章概括、命题说话、即兴说话等多种形式进行测试，"以测促学""以测促进"，锻炼学生的成段表达能力和语句衔接能力，锻炼学生的心理素质。在课程结束的时候可通过此系统来考核成绩，进而促进学生的主动性。

（二）使用新媒体技术

手机是每个当代大学生的必备通信设备，一些APP软件、微信、微博等逐渐成为大学生学习生活的重要部分。微信功能齐全，语音、文字、图片、视频均可传播，微信公众号也成为学生学习和获得信息、知识的窗口。它摆脱了电脑不易携带的缺点，可以随时随地方便快捷地进行学习。可以充分利用手机中的微信公众号和一些免费APP软件进行普通话的学习与宣传、推广。新媒体为普通话全面学习提供了重要途径。网络上有许多APP学习软件。如词典系列的"新华字典"，普通话学习资料系列的"普通话学习""普通话测试"等，可以随时随地学习和测试。而微信中也有大量关于普通话学习的公众号，如"普通话水平测试""普通话培训测试"等，多收录普通话朗读作品范文，囊括了普通话考试报考指南、考试技巧、测试题、范读音频资料、发音练习等方面内容，可作为学生学习的辅助教材。新媒体为普通话朗读操练提供了广阔平台。一些可供朗读的免费手机APP软件和公益公众账号为学生的普通话朗读提供了广阔的平台。APP软件如"喜马拉雅""荔枝"都是受众较多的电台，支持学生打造自己的电台节目。许多学生都有个人博客、个人主页、个人日志等，可通过创建自媒体形式，上传普通话朗读作品，在学生中间传播，引发对普通话的讨论，从而在网络上形成普通话学习的风潮。新媒体为普通话宣传推广发挥辐射作用。个人电台和微博在自我普通话朗读展示的同时，也完成了宣传普通话的功能。而建立普通话公众号，将相关的理论、知识以及训练、测试等知识上传,更是直接的正面宣传,同学之间建立的公众号更容易在院系内部受到关注、讨论以及宣传,在学生中达到推广普通话的辐射作用。

第二节 采用多模态教学形式

一、多模态与多模态教学的概念

(一) 多模态

现代社会,人们交流的话语意义建构不再依靠单纯的书面语言和口头语言。随着科技迅猛发展,计算机技术、网络通信技术、移动终端、虚拟现实、人工智能等硬件设备的普及和完善,越来越多的媒体应用于社会生活,多种符号资源参与人们的交际活动,多模态应运而生。所谓"多模态",也称"多符号",是指包括口语、书面语、图像、图表、空间以及其他可以用来建构意义的各种符号资源。这些符号资源通过刺激受众的视觉、听觉、触觉、嗅觉、味觉等多种感官,让受众将媒体形态进行整合和重塑,实现信息接收和意义建构的交际目的。多模态运用多种媒体集合的意义构筑形态,除了语言这种传统的符号系统,声音、色彩、图像、动画和空间组织等其他符号资源能通过其独有的方式,使信息传送和互动内涵更加丰富,使人类的意义生成潜力成倍增加。

(二) 多模态教学

多模态的应用价值越来越得到社会的认可,使多模态应用领域呈现出扩容之势,而将多模态应用于教育教学场域不仅顺应了时代的发展,更能推动教育教学改革[1]。传统教育教学体系中的意义解读,往往依赖于单模态——文本或口语,枯燥乏味正是源于模态不够丰富。而在现代普通话教育教学中,学习内容以多模态符号呈现,去激发、启迪主体意识的意义探究活动。学习主体的多种感官参与发掘知识的深层意义,使教育教学实践的积极性和主动性凸显,从而增进教育教学

---

[1] 张业萍.普通话教学的多模态设计[J].文学教育(下),2021(12):154—155.

的实效。

多模态教学把培养学生多元读写能力和多模态意义作为语言教学的主要任务。基于学生多元能力培养，多模态教学强调知识与学习者之间的互动关系，知识多模态符号化过程有助于调动教育课堂的生动性和活跃度，吸引学习者改被动为主动接收信息传输和意义建构。多模态教学要对教学内容、教学手段、教学情境等进行重新设计，利用多模态原理，把知识体系从单模态向多模态转化，运用多模态手段营造轻松、愉悦、互动性强的符号化氛围，使学习主体提升学习体验，主动积极参与意义建构。

二、普通话教学的多模态设计

（一）普通话教学多模态设计的制约因素

在多模态话语理论下，设计是指"有意识选择模态和模式来表现现实"。进行多模态设计，模态的选择要充分考虑教学内容，包括知识的深度、难度；确定课堂主客体之间的关系，包括了解学生的认知程度、接受能力、学习兴趣等；还要考虑使用多模态的条件和场所，包括影响交际方式的设备用具、演示环境、传播渠道等教学条件。其中，教学内容是制约模态选择的主要因素。普通话作为教师职业语言教育的基础，教学围绕现代汉语语音、词汇、语法展开，指导学生学习掌握语音系统中的声韵调发音要领，熟练运用母语进行交际活动是普通话教学的重点。普通话教学的多模态设计以实现普通话课堂教学目标为前提，对具体的教学环节进行预测、设计。

（二）普通话多模态教学的基本程序

教师在设计中要清楚教学的目标和任务，依据目标拟定教学的具体步骤，为每个教学步骤选择适宜的教学方法，并据此选择合适的教学模式。

1. 确定教学目标和教学任务

课堂教学目标分为五个主要类型：教材权威型；知识传授型；技能训练型；实践体验型；资源拓展型。就普通话课堂来说，教学不仅要解释说明语音知识，帮助学生理解发音要领，还需要以言语行为为中心强化实践训练，帮助学生获得发音技能。整个教学过程中学生的亲身体验占主要地位，他们必须在实践中自己体会语言的特点和规律。因此，普通话课堂教学目标兼具知识传授、技能训练和实践体验这几种类型的特点，属于混合型。从知识领域来讲，普通话教学涉及现代汉语语音、词汇、语法内容，重点在普通话语音系统知识的传授。呈现理论知识内容时，除了选择传统的模态符号（文字+语言），还可以运用图片、表格、动画等模态多角度调动学习主体的感官参与认知活动。技能训练时，教师讲解发音要领的口头语言和演示发音动作的态势语（包括口型、舌头动作、手势、表情等）成为教学的主要选择模态，辅之以声音、图像、动画等其他模态，共同为学生模仿发音提供范本。而在学生亲历的语言实践中，学生的行动和行为是主要关注点。教师的调动和指导，围绕如何帮助学生获得所需的语言技能和交际能力来进行。模态选择尽量多元化，可以把VCR技术、虚拟现实、移动终端等高科技引入课堂，营造学生喜闻乐见的教学情境，通过视觉、听觉、触觉等多个通道，丰富学生的学习体验，实现知识到技能的转化。

2. 拟定具体教学阶段

以普通话教学——分辨鼻音与边音为例，根据这一教学内容确立教学目标为：正确掌握鼻音与边音的发音部位和发音方法；准确区分鼻音与边音。在此基础上，预设各教学阶段如下：导入：听音辨音，引发方言分不清鼻音边音的讨论，提出教学任务。新授：分别学习鼻音边音的发音部位和发音方法。比较：辨析鼻音边音的发音异同，掌握区分鼻音边音的方法。训练：遵循技能培养由易到难、由简单到复杂的原则，组织各种形式的训练活动。自我学习：学生自学自练，相互纠音，消化鼻音边音的发音辨音知识，完成理论知识到技能获取的转化。检验：用冲关游戏串联学生发音辨音的实践活动，由此检测学生的技能培养情况。

3. 选择和设计各阶段教学模态

（1）多模态教室空间设计

教室的大小、形状，座位摆放的形态，师生的物理位置等教学环境直接影响教学活动的设计。如知识讲授或者讲台活动展示适合长方形教室；讨论适合圆形或椭圆形教室；教室座位的安排也要做相应的调整，以利于教学活动的开展。教学中，学校固定的长方形教室无法改变，而师生的物理位置可根据教学阶段的不同进行更换。例如在知识传授期间，教师站在讲台，面向学生，生生同向，便于教师口语模态的传输，以及肢体模态（包括口型、动作、手势等）的演示。而在技能培训时，为了让学生更直观地观察、纠正同伴的发音，采用学生面对面的形式，教师则行走在教室中间，随时关注并及时提供指导。

（2）多模态教学设计

导入：用容易发生鼻音边音混淆的音频（大路—大怒；旅客—女客等）打开学生的听觉系统，提问是否能够分辨，通过语言描述各方言区存在鼻音边音混读等各种语音现象，从而引出课题——分辨鼻音和边音，出示PPT页面标题。此部分主要采用声音模态、口语模态、文本模态。为了突出重点，声音模态在鼻音和边音上予以强调，如"大路"的"路"，"大怒"的"怒"，用声音抬高或语调变化的方式以加深学生的印象。文本模态以PPT文字标题为主，结合教材的相关内容呈现，使本课的教学任务更加凸显。

新授：分别学习鼻音和边音的发音部位、发音方法。PPT页面内容是多模态展示的核心。发音器官及动作演示动画编排在页面的主要位置，色彩醒目，与背景形成鲜明反差；描述发音部位和方法的文字简明扼要，与动画模态信息一致。教师对新知识的讲解通过口语模态和肢体模态共同呈现，教师一边切中要领地讲授，一边控制动画内容的显示顺序，辅以口型、舌头动作的示范。

对比：在完成鼻音边音的发音部位和发音方法的学习基础上，指导学生从不同角度分辨鼻音和边音的异同点。此时运用小组讨论的方式组织教学活动，学生在多模态情境中用听、说、比、思等各种感觉系统参与学习，教师及时指点归纳，以图表模态表现鼻音边音在发音部位、舌头状态、发音动作、发音通道等方面的不同。

训练：教师带领学生练习发音，使用口语模态强化要领，使用肢体模态反复示范，重现PPT和教材上的文字、图片、图表、动画模态，加深学生的认知，磨炼学生的发音技巧。学生的训练以模仿发音为主，通过观察、听音、尝试发音、自我调整完善自身的发音技能，使声音模态、口语模态、触觉模态等得到充分调用。

自我活动：设计学生两两相对，相互纠音的活动，将自己的发音动作完整地展现在同伴面前，同伴用眼直接观察、用耳听音辨别、用手触碰对方鼻翼检测、用语言纠正发音要领，多渠道运用肢体、声音、口语等模态，让学生的主观能动性得到淋漓尽致的激发。

检验：设计冲关游戏，将鼻音边音的听音、辨音、发音练习贯穿其中，关卡设置按照先易后难的学习规律，方便检测学生在哪个学习环节出了问题。PPT页面设计模板活泼幽默，从色彩、字体上选择年轻人喜欢的形态，充分吸引学生参与其中。每一关卡的内容运用不同的模态，如第一关听音辨音播放音频，是声音模态；第二关发音检测学生的技巧，由文本模态铺满页面，文字的色彩、字体无不突出鼻音边音的代表字，强化了学生对鼻音边音常用字的记忆。冲关游戏不仅方便教师了解学生对发音技能的掌握情况，还可以利用这个时机调动学生多模态评价意识，从听觉、视觉、触觉等角度多方面评价伙伴的发音技能，培养学生的多模态评价习惯。

第三节 互动合作教学

随着我国高等教育的不断发展，普通话教学日益受到重视。经过不断探索和实践，多种教学模式中，互动合作教学模式的优势逐渐凸显。互动合作教学模式强调将学生作为教学中心，以培养学生的普通话表达能力作为教学目标，对提升教学质量和教学效果有积极作用。课堂上，教师对学生进行合理分组，然后让学生通过小组合作来练习普通话。这样，学生就能相互督促，彼此学习，课堂教学效率会显著提高，教师的教学目标也能很好实现。当前的教学实践证明，互动合作教学模式在普通话教学效果提升中发挥了显著作用。学生可以互相帮助，教师的教学压力会因此降低，可以有更多的精力关注普通话基础薄弱的学生。小组成员间可以集中讨论问题，互相促进，彼此帮助。普通话练习本身就是一个交流沟通的过程。互动合作教学模式下，练习过程会更加生动有趣，学生间的语言差异会逐渐减少，其普通话水平也会逐渐提高。互动合作教学形式在普通话教学中的应用探索为以下几方面：

一、合理分析学生的普通话水平

高校的招生范围相对较广泛，生源地也比较多，再加上我国各地的语言差异比较大，所以在大学阶段，学生之间的地域口音差异对学校教学工作的顺利开展有一定的阻碍。普通话教学中存在的问题就是学生之间的普通话水平差距较大，而运用互动合作教学模式开展普通话教学，可以合理分析学生的普通话水平，然后在此基础上对学生合理分组。要发挥互动合作教学模式的积极作用,就要确保小组内学生的学习水平具有互补性。所以教师在分组前,要对学生当前的普通话水平做合理分析,然后根据学生的实际水平划分小组,确保每个小组中学生的水平和能力相对均衡。均衡分组既可以使普通话水平高的学生对其他学生进行辅导,降低教师的教学压力,还可以使教师对普通话水平较低的学生更加关注,提升教学的针对性。此外,划分小组后,教师需要根据学生不同的学习需求制定教学目标,结合小组学习状况的不同,设计、制定不同的教学任务方案,尽可能满足学生的普通话学习需求,这样才能进一步契合学生的差异化需求,使每个学生有效练习普通话,提升普通话水平。

二、充分利用课外时间来加强练习

在有限的课堂时间内,教师难以对学生开展有针对性的训练和指导,同时由于学生普通话基础的差异性,普通话教学效果和质量难以在短时间获得较大提高。学校的普通话教学大多是通过课堂教学形式进行,并且在有限的时间内完成,而学生在普通话学习中在心理方面也存在差异,这就导致很多学生的学习需求无法得到满足。而采用互动合作教学模式有助于促使学生积极进行课外练习。教师可以发挥学生学习的积极主动性,让学生采取小组比赛的方式练习,以此激励学生在课外进行普通话练习,让学生在课堂之外也习惯用普通话交流,有助于在整个校园中营造普通话学习氛围。

三、善于利用激励性的评价方法

小组中,学生可以采取互评的方式进行普通话练习,轮流进行普通话口语展示。教师可以通过抽签的方式来决定评价对象。评价时,教师需要尽可能应用激励性的评价方法,先对学生的普通话表达做出肯定,再提出学生普通话表达存在的问题,这样学生会自觉反思,找到自己普通话口语表达的不足,继而积极改进。互动合作的教学模式能使学生在教学中的参与性逐渐提高,并且其心理需求和能力也会相应提升。借助这样的方式,教师可以进一步看到学生之间存在的个体差异性,从而有针对性地对学生做出单独辅导。对普通话基础比较差的学生,教师要进行激励,在教师的肯定和激励下,学生的普通话学习热情会有提高。

综上所述，提高对普通话的重视程度，统一教学语言，对于教学活动的开展具有积极作用，所以需要大力推动普通话教学。各个学校也要及时更新教学内容，并探究普通话教学方式。普通话教学的方式多样，就发展现状看，互动合作教学模式更契合实际需要，所以教师需要重视对这种教学模式的运用，引导学生进行小组合作，采取相应措施来提高学习效率。这样不仅学生运用普通话表达的能力会逐渐提高，能力发展会因此实现，而且教学有效性会显著提高，课堂教学的效率会得到提升。

为符合新形势下对学生普通话的高标准的口语表达要求，普通话教学也应以创新教育理念来指导教学的各个环节；采用先进的现代教育技术手段，改变传统的以教师为主导的知识传授型教学模式，激发学生的学习兴趣；创设良好的语言环境，为学生提供多样的口语交际途径。

第四节 教学目标层级化

一、教育总目标

教学目标是教学活动的出发点和归宿，普通话教学目标是普通话教学活动的出发点和归宿，它指导和制约着普通话教学的一切活动。确立普通话教学目标，是普通话教学工作的首要任务，它对提高普通话教学质量具有决定性的影响。

为普通话教学确定目标是为了保证其沿着一条正确的、科学的轨道发展。一门具体课程的教学目标是在一个概括的教育总目标的涵盖下的一个侧面，一个指出总体方面的教育总目标，正是通过一系列的具体课程的教学目标的实现来达到的。

普通话教学属于智育范畴的教学，语言运用能力是智力构成的重要方面。普通话课程教学目标，从整体概括的角度来说，是培养学生规范或比较规范地熟练运用普通话的能力，使学生通过课程的学习成为能运用标准或比较标准的普通话进行工作、交际的社会主义建设者。

普通话教学的总目标是对不同层次的普通话教学的具体目标的概括，普通话教学不同层次上的具体目标都以这个总目标为指向。

二、普通话教学目标的层级化

自大力推广普通话被列为语言文字工作的首要任务以来，推广普通话工作在一些层面上取得了很大的成果，在师范院校和一些以语言交际能力为主要培养目标的职业学校，如旅游学校等，普通话被要求作为校园用语，在一定的范围内形成了很浓的运用规范的普通话的风气。但就普遍的、全局的情况来看，推广普通话的工作发展还很不平衡。且不说不同地区、不同行业之间对普通话的重视、普及工作存在着不小差异，就是学校的普通话教学也存在很大的差异。这种差异既与学校的性质有关，也与地域、经济发展、思想观念等有关。就学校而言，师范类院校一般抓得比较紧，而其他院校大多重视不够。从地域上考察，大城市的推广普通话工作力度大些，小城镇、偏远地区缺乏力度。当然，普通话教学搞得好不好，主要还与社会对人才素质的需要、办学者的观念、教师的素质等有关。

目前，社会对各类人才的普通话素质的要求越来越普遍和严格，在教育部的明确要求下，各级各类大专院校相继开设了普通话课。为了使普通话教学质量得到保证，使普通话课程规范化、科学化，就需要确立统一的普通话教学目标。

一个科学合理的教学目标的确立，对选择教学内容，采取教学方法，组织教学过程，检测教学效果都有决定性的影响。教学目标既是教学工作所追求的效果指标，也是教学工作考核标准制定的依据。当教学效果考核标准确立以后，教学目标就以考核标准的形式，规范而量化地呈现出来。从这个意义上说，教学目标与课程考核标准是同一个内容的不同阶段表述。

普通话课有它不同于别的课程的特殊性，这种特殊性的一个表现是普通话教学的具体教学对象有共时平面上的层级性，因此，与此相适应，普通话课程的教学目标也具有共时平面上的层级性。其他学科的教学目标也有层级性，不过那是建立在历时平面上的层级性。例如，语文教学的教学目标，根据受教育者的不同年龄层次，所接受的不同知识阶段的教育，分别设置小学语文教学的教学目标、初中阶段的教学目标、高中阶段的教学目标、大学语文的教学目标等。而普通话教学的教育对象却不以学习的时间阶段与教学内容挂钩。对任何年龄阶段或学习时间阶段上的普通话学习者来说，普通话学习的目标，是在总的努力方向指引下的一个具体的阶段性目标，而这个目标的确定依据是学习者原有的普通话基础和他的语言学习能力。

因此，普通话教学的目标必须是有层级性的，它必须能为普通话基础不同、语言学习能力不同的学习者指明努力的具体目标并能科学检测这些目标的达到情况。从教学考核标准量化而规范地体现教学目标的角度，来明确和阐述普通话的具有层级特征的教学目标系统，当然是以普通话水平测试的三级六等标准作为国家统一的普通话教学层级目标最为恰当准确。

三、普通话教学层级化的作用

（一）对普通话学习者的导向作用

普通话教学对象的自身基础、学习起点往往是参差不齐，高低有异的。一个笼统划一、齐头并进的教学目标，会使自身基础差、学习起点低的学习者在面面俱到的达标要求面前无从起步，不知所措。而对于自身基础较好、学习起点高的学习者来说，为了照顾成绩一般的学生的进度而放慢的教学节奏，或降低的达标要求，又抑制了他们的进步，消磨了他们的学习积极性，冲淡了他们的学习兴趣。没有一定难度的挑战和刺激，会使他们丧失学习的劲头，迷失前进的目标。普通话教学根据学习者的不同情况，设置三级六等不同水平层次的目标，这就使基础不同，学习能力不同，具体职业选择不同的各类学生有了明确的、适合自己情况的奋斗目标。不同的目标指示着不同的突破点，这使为着不同等级目标而努力的学习者能十分清楚地认识自己该做什么，在一个阶段的学习训练中，把注意力集中到与达标相关的发音技能上，学习侧重点明确，学习效果也便于时时检测。

分层级的普通话教学目标，对每个等级的达标要求有较严格的量化指标限制，这就有效地加强了对学生的针对性训练引导，在学习者明确了自己的某阶段学习的达标等级后，这个等级的普通话字、词、句、朗读、说话诸方面的具体要求，便准确无误地给他们划出了跑道，明示了达标距离，标明了必须跨越的障碍，引导着他们循此途径去攻克难关，到达目的地。

（二）对教师的教学观念和教学方法的启示作用

教学目标是教学方法体系的重要组成部分。一般来说，教学目标的确定与教师的教学观念、教学方法密切相关。不同的教学思想、不同的教学方法对教学目标有不同的主张。但在一个科学、合理的教学目标已通过一定范围的探索、研究制定出来以后，再做出规范性的要求，铺开到广泛的面上，这个教学目标便具有了对各级各类院校这门课程任课教师的指导作用。教学目标中所提出的教学效果、要求和考核达标标准，包含了设定这些要求和标准的教学思想和要求实施的教学方法。当然这里说的"包含"不是明确阐释的，而是一种倾向性的表示。普通话的三级六等标准，引导教师深入认识普通话教学的特殊规律。普通话教学其循序渐进的特点十分突出，要求一个普通话基础很差、学习起点很低的学生，通过突击，一步达到较高的水平是不可能的。语言能力的具备，是一个反复操练，逐渐掌握的过程。没有训练的量，绝对达不到运用的质，这是技能获得类学习的一个共同特点，这与一般知识理论的学习不一样，没有顿悟之可能。

分层级的教学目标还在教学方法上提示，不同层级目标，区分了不同学习阶段上的问题，教师的教学应特别注意针对性。学生原有的普通话水平层次，是教师为其确定等级的基础。不同基础的学习，其语言、词汇、语法方面存在不同的问题。基础相近的学生，其问题呈现出极大的共性，尤其在共同的空间范围内。来自同一方言区，处于同一普通话水平上的学生，其语言错误、正音难点、词汇语法问题，往往具有"千人一面"的相同性质。在教学工作中，如何针对这种不同层级水平间的差异和同一层级水平间的共同性来施教，使最佳的教学方法与教学目标相配合，是教师们必须探索解决的问题。普通话教学的分层级教学目标，是普通话教学改革的一个提示，一个催促，一个引导。总之，普通话教学的分层级目标，对教师的教学思想更新，对教学规律的揭示，对教学方法的创新探索都具有启示性的意义。

（三）对学生的激励作用

目标如果是通过努力切实可以达到的，那么，它就会对为之而奋斗者产生激励作用。因此，只有难易程度恰当的教学目标，才能具有积极的激励作用。目标定得太高，可望而不可即，令人望而生畏，学生会在吓人的目标面前退缩不前。目标定得太低，缺乏应有的挑战性和刺激，唾手可得，举手之劳，又令人不予重视，会使学生满足于低水平的达标上。然而，一个笼统划一的普通话教学目标，对于普通话基础参差不齐的学生来说，总有它失当的地方，它适应了这部分学生，则肯定不适应那部分学生，这个标准对他们而言不是太高了就是太低了。分层级的普通话教学目标则很好地解决了这个问题。不同的达标要求使起步不同的学生所面临的挑战都是有吸引力和富于刺激的，又都是可以通过努力去达到的。对于完全没有普通话基础的学生，最低等级的三级目标激励他们去取得初步的成功；对于有一定基础的学生，二级目标激励着他们去获得较好的成绩，达到较高的水平；对于基础较好的同学，一级目标激励着他们去取得优异成绩，精益求精地完善自己的普通话。

在分层级的普通话教学目标的激励下，学生们有不同阶段的具体目标，一个层级目标的达到，又成为向下一个目标进发的新起点。每一次的努力，都可以有一个客观的测试作为检测和评价，作为总结和证明，这从心理上也构成一种"拾级而上"的实实在在的踏实感，十分有利于学生持续不断地向着更高的目标努力。

（四）对教师的激励作用

前面说过，目标如果是通过努力切实可以达到的，就会对为此目标而奋斗者产生激励作用。学生是从学的角度为达到教学目标而奋斗，教师则是从教的角度，为达到教学目标而奋斗。某个教学目标如果对教师来说，是竭尽全力也无法达到的，那么，它就形同虚设，教师会放弃对目标的追求，失去对它的兴趣和热情。如果某个教学目标是极易达到的，那么它无法调动教师教学的积极性，教师的责任心和认真严谨的工作态度会被过于轻松的教学目标达标任务抹杀。一个笼统划一的普通话教学目标使教师注定要面对这两种糟糕的状态。当教学目标不能对教师的教学工作起激励作用时，教师的工作状态一般说也就处于放任的情形，因为教学效果的考查与评价在这种不科学的教学目标的制约下，也无法做到客观科学，教师的工作也就失去了客观评价的科学依据。

分层级的普通话教学目标，使学校在确定具体教学班级的达标等级时，可以根据具体情况做出有差异的目标设定，使教师在教学时可以根据学生的不同情况，为不同的教学对象确定不同的教学目标[①]。对教师而言，面对不同基础的教学对象有不同的教学任务，这些任务有大致相同的压力，也都能够通过切实的努力来完成。这就激发了教师的工作热情，也使他们的工作努力程度、责任心和工作的科学性有了可信度较高的反馈，应该达到的目标都按预期达到了，检测的显示因为有预设的合理性做铺垫，就比较有说服力。

---

① 薛玲，李友昌. 论普通话教学目标的层级性对提高教学质量的意义[J]. 云南电大学报，2004（04）：29—33.

（五）对教学效果的评价作用

教学目标越科学，越具有量化的特征，它作为教学效果的检测评价标准的作用就越突出，而其检测评价的结果也越有说服力。教学目标既是教学工作起始时预定的方向，又是教学工作结束时衡量教学效果的尺度。无论是阶段性的考查还是终结性的考试，教学目标是否达到了，在多大程度上达到了，都是检测评价教学效果的依据。分层级的普通话教学目标，以普通话水平测试的三级六等等级确定来体现，因而对普通话教学效果的衡量与评价有较高的科学性与准确性。用普通话教学目标的达标预定来对照普通话水平测试的实际达标情况，一般就能比较客观准确地对教师和教学效果做出评价。这样做避免了笼统地用多少学生达到一个统一规定的标准，多少学生没有达到这个标准来衡量教学效果的片面性。当然，要使普通话层级教学目标发挥它强有力的教学效果衡量和评价作用，其先决条件是精心细致地做好教学目标确定工作，针对每一个年级，每一个班级，每一个教学个体对象，做基本情况摸底考查，根据教学对象的不同情况，设置由宏观到微观，由总目标到阶段性目标的层级目标构架。依托于这样的前期工作，教学阶段后期的教学效果检查测评才能具有科学性和可信度。

（六）对教材编写的指导作用

教材的编写要以教学目标为依据，一个科学合理的教学目标，给教材编写的内容选择、侧重安排、构架策划等提供依据和指导。一种语言的学习，可以有不同的目的，是以学习口语为主还是以学习书面语为主，或者两者兼顾；是以培养说话能力、口语表达能力为主，还是以培养阅读理解能力为主。普通话如果广义地理解，有口语和书面语两个层面。那么学习普通话是否两个层面兼顾，普通话层级教学目标的各级目标阐述都明确指出，普通话教学的目的是培养和提高学习者的普通话口语运用能力，其重点是发音规范和流畅的表达，这就给普通话教材的编写圈定了选用内容，把发音规范的训练、正音的训练和口语表达训练放在第一位。如果说，这一点是一般的口语教学类教材都具有的特点，那么普通话层级教学目标对于普通话教材编写所具有的特别含义，是它对教材提出了改革要求。既然教学目标是分层级的，教材也应该体现出层级性来。

教材的合理性、科学性，在于它确实很好地构筑了通往达到教学目标的阶梯，把实现教学目标的进度过程合理地融入教材内容的安排上。普通话教学目标的层级性在各种普遍使用的教材上并没有体现出来，这给教学按层级目标来操作带来了困难。于是，如何改革现行教材，使之能最好地为实现教学目标服务就提上了议事日程。总之，教学活动是一个不断适应社会发展需要的动态发展过程，因此，普通话的教学目标对教学活动各个环节的制约和影响，都是在发展变化的，对它的探索和研究也应是一个持续不断的工作。

参考文献

［1］杜慧敏.普通话口语表达教程［M］.开封：河南大学出版社，2017.

［2］刘佩芝，张亮.实用普通话教程［M］.上海：复旦大学出版社，2018.

［3］赵惠，李振华，马娴，等.普通话水平测试教程［M］.长沙：湖南师范大学出版社，2019.

［4］唐明钊，卫勤，杨晓燕.普通话训练教程［M］.成都：西南交通大学出版社，2020.

［5］郭素荣.新编普通话教程［M］.北京：北京邮电大学出版社，2017.

［6］魏海梅.普通话口语训练教程［M］.成都：西南交通大学出版社，2018.

［7］刘彩蓉，朱圣元.普通话水平测试与语音训练［M］.武汉：华中科技大学出版社，2018.

［8］陈建国.普通话口语训练［M］.上海：同济大学出版社，2018.

［9］韩玉华.普通话水平测试发展历程［M］.北京：语文出版社，2014.

［10］文静.普通话实用训练教程 理论篇［M］.成都：西南交通大学出版社，2017.

［11］于淼，杨营.小组合作学习方法在普通话教学中的应用［J］.文教资料，2023（02）.

［12］陈静媛.高职院校学生普通话水平提升策略研究［J］.西北成人教育学院学报，2022（06）.

［13］朱虹静.主持人规范用语在普通话教学中的应用探究［J］.时代报告（奔流），2022（11）.

［14］徐丽颖.课程思政视域下普通话教学改革思考［J］.国家通用语言文字教学与研究，2022（10）.

［15］依文婧.播音主持艺术专业普通话教学对普通话推广的价值［J］.西部广播电视，2021，42（07）.

［16］廖俐.信息化手段在高职普通话教学中存在的问题及改进策略［J］.课外语文，2021（03）.

［17］王文菁.普通话口语教学的探索和创新［J］.课程教育研究，2020（41）.

［18］闫冠华，张景.浅析方言对普通话教学的影响［J］.山西广播电视大学学报，2020，25（03）.

［19］石文.混合教学模式在中职普通话教学中的应用［J］.广西教育，2020（30）.

［20］邬立帆.地方普通话词汇视域下的对外汉语教学策略研究［D］.杭州：浙江科技学院，2022.

［21］辉艳红.统编版高中语文古典诗词普通话吟诵教学策略研究［D］.喀什：喀什大学，2022.

［22］张立达.新疆维吾尔族大学生使用手机软件自主学习普通话现状调查研究［D］.乌鲁木齐：新疆师范大学，2022.

［23］王文静.不同任务中普通话三声变调在词汇和句子水平的认知加工［D］.大连：辽宁师范大学，2022.

［24］孙永洁.普通话语音习得中的方言迁移特征层级体系研究［D］.济南：山东大学，2022.

［25］向甜瑶.语音评测技术对提高中职学生《普通话》口语能力的应用研究［D］.昆明：云南师范大学，2022.

［26］李惠君.民族预科班普通话课程混合式教学模式调查研究［D］.绵阳：西南科技大学，2022.

［27］江璐.郑州、信阳两地河南话和普通话的语言态度研究［D］.西安：陕西师范大学，2021.

［28］李晨曦.普通话水平测试中的儿化词语研究［D］.北京：中国社会科学院研究生院，2021.

［29］李黄萍.基于学习差异的大学普通话教学研究［D］.武汉：华中师范大学，2019.